英派語錄

解讀蔡英文的
5種態度
與66堂說話課

編著／葉俊傑、余玫鈴

推薦序

「小英政治學」開課了

張瑞昌／中國時報執行副總編輯、東海大學兼任副教授

與她互動最深刻的一次經驗是我帶隊採訪，就在黨部九樓的會客室，兩人隔著茶几對談。記憶中，當天的她穿著白色襯衫，外套是一襲具有英國品味的針織毛衣，搭配腳上那雙PRADA的黑色平底鞋，頗令人側目。

那時的她是在野黨主席，連一次參選公職的經驗也沒有，在近身的訪談過程裡，不時流露出一種長年浸染在經貿談判的學者特質。看似內斂拘謹的外表，掩不住天生的聰穎機敏，她或許沒有美麗島世代那一輩

人的領導魅力，也欠缺本土從政菁英常見的草根氣息，但是她所形塑的理性務實路線及濃厚的中產階級性格，卻逐漸為民進黨走出了一條「非典型」之路。

時隔多年，我對那個從主席室微躬著身子走進來的人，已有如電影畫面般的定格在一個位置上，她是我記憶中的蔡英文。阿扁找她出任陸委會主委，然後是不分區立委，繼之是行政院副院長，而這些扁政府時期的公職歷練，似乎都不如她擔任「民進黨主席」這個職務的身影來得深入人心。

因為這些年來的她，早已被視為綠營的救世主。儘管我常覺得她比較像是金庸筆下的黃蓉，既絕頂聰明也刁鑽古怪。

在扁朝終結後捲起綠軍大潰敗的浪潮中，蔡英文像女版的常山趙子龍一樣，殺入千軍萬馬的敵人陣營，搶救危在旦夕的民進黨。此後，她連任黨主席，先後歷經二〇一〇年新北市長、二〇一二年總統兩場選戰的洗禮，並且帶領民進黨贏得二〇一四年九合一大選，再挾著「地方包圍中央」的優勢趁勝追擊二〇一六，一舉殲滅對手，拿下過半國會席次，成為華人史上首位女總統，為創建三十年的本土政黨首度實現「完全執政」的美夢。

當我們正在迎接「蔡英文時代」來臨的此刻，時報出版了《英派語錄——解讀蔡英文的五種態度與六十六堂說話課》，這本書不僅是認識「現代黃蓉」的入門指南，也是素描「進擊的蔡英文」的Q版肖像。從某個角度來看，本書淺顯易懂、趣味橫生，有如將小英「漫威化」的紙本速寫。書中摘錄的小英談話，不乏令人莞爾或是心領神會的精彩佳句，尤其語錄的眉批，往往有神來之筆，彷若在撥雲見日豁然開朗之際，又留有弦外之音的想像空間。

比方說，我們可以在「裝睡的人永遠叫不醒」這句語錄，回首倫敦政經學院博士（蔡英文）在首場總統辯論會上，當著美國紐約大學博士

（朱立倫）的面，引述這句英國俗諺的話語機鋒。我們也能夠在「台灣的好不應該輕易被擊倒」的直白表述，重溫大選期間小英激勵民心的台詞，而這高明的選舉宣傳，根本是她挫敗後從土地出發的真實體認。

作為一個改寫台灣民主紀錄的時代人物，蔡英文的不斷蛻變，乃至攀登權力顛峰，將是一頁值得書寫的傳奇。我們或許知道她出身富家，成長順遂，學優則仕，扛起家道中落後的重擔，也明瞭千金小姐落入政治紅塵，最後引領支持者與民進黨一起浴火重生。但卻可能還沒意識到，一門不同於扁、馬執政風格的「小英政治學」，已經開始了，而且這堂公民必修課一開就是四年，甚至可能是八年。

因而，在「蔡教授」開講之際，一本為我們解讀英派經典語錄的工具書，將是「小英政治學」先修的最佳選擇。

前言
智慧、承擔、神回～屬於英派的語錄與態度

輸了，她安慰支持者「你可以哭泣，但不要洩氣；你可以悲傷，但不要放棄。」贏了，她要全體同志「謙卑、謙卑、再謙卑」；她說：「我拚了命，也要把各位的淚水轉化為笑容。」她更說：「民主時代裡，八年的累積可能比不上八秒鐘的失言。」選前面對外媒貼身採訪，她霸氣的告訴記者「妳回北京以後告訴他們，台灣的下一任總統曾經為妳服務過。」選後她跟企業與環團保證「政府沒聽見可以拍桌子。」講這些話的是蔡英文，中華民國第十四任總統，華人史上第一位民選女總統。

在對的時間做該做的事，教授出身的蔡英文，一路上從協助政府

對外經貿談判、入閣管理政務，更在民進黨被打趴之際承擔黨主席之職，帶領民進黨轉型，打贏一次又一次的選戰，重返中央執政。這位媒體眼中的「非典型」，雖然沒有傳統政治人物的口若懸河，在群眾場似乎也少了點煽動力，但超理性的學者性格卻能使其談話演說不是聽爽的就好，而是語言的呈現更顯溫度，更深植人心，賞味期限也更後座力十足，累積下來，屬於小英的經典語錄還真不少，有智慧、有承擔、有神回，既鼓舞人心，實用也回味無窮。

語言的表達是態度的一種展現，而態度又可以決定一個人的高度深淺。本書收錄了蔡英文近年來在各式場合中的重要語錄，並忠實還原其說話當下的前後背景，面對不同對象和不同問題，小英的每次發言皆代表著她的立場與態度。凡走過的必留下痕跡，同樣的身為國家領導人，凡說過的話也必須受檢視。本書將完整解讀蔡英文的五種態度與六十六堂說話課，是讀者快速理解小英總統在公眾事上一路走來的入門指南。

目錄

政治人物的言語交鋒常見的是互嗆揭瘡疤，愈回愈辛辣；政治人物的瞬間攻防最能反映其內在的涵養與性格，其實回嗆可以是門藝術，要回得漂亮、回得瀟灑、回得精彩、回得出色、回得淡定，而且還能讓人印象深刻，津津樂道，這就叫神回覆。小英似乎頗有這番資質，比如總統大選辯論，朱立倫質問她訪美行程東閃西躲，不像他都大大方方受訪時，小英的這句話：「我打下的空間，就是你（朱立倫）去美國的空間。」簡捷有力，令人拍案。又像是馬英九老是拿阿扁的事譏諷她時，小英同樣的妙答：「站在你面前的是蔡英文，不是陳水扁。」屬於蔡英文的「英式神回」，別人學不來的獨特風格。

態度 1

用智慧神回覆

裝睡的人永遠叫不醒。

背景

二〇一六總統大選首場辯論會，國民黨總統候選人朱立倫質問民進黨總統候選人蔡英文是否接受「九二共識」？小英除了重申過去立場外，並感嘆「裝睡的人永遠叫不醒」，她說九二共識說法已經說得非常清楚，從到美國CSIS演講，一路以來她的講法都是一致的，就是在中華民國現行憲政體制下，遵循民意，持續推動兩岸關係，過去二十幾年的成果也會是將來推動的基礎，這個東西難道不清楚嗎？九二年並沒有九二共識，九二共識是在二〇〇〇年才出來的名詞，這是一個名詞的使用跟詮釋的問題，這大家都可以坐下來談。

眉批

You can not wake a person who is pretending to be asleep，這句話是英國的俗諺，指的是固執於自己想法的人，你是扭轉不了他的。熟睡的人終究搖得醒，但醒著卻裝睡的人就是不想理你，當然叫不醒，因為壓根就沒睡。倫敦政經學院博士的小英說起英語不僅有濃濃的英國腔，順口引用英式俗諺似乎也極其自然。對了，小英在回覆的同時，站在另一旁的朱立倫真的搖了八次頭喔。另有一說，小英說這句話的靈感來自中國作家周濂二〇一二年出版的著作書名《你永遠都無法叫醒一個裝睡的人》。

我倒是非常贊許朱主席，在回答一個非常嚴肅的問題，還可以空下時間來罵我。

背景

二〇一六年總統大選首場電視辯論會的媒體提問，《蘋果日報》代表提了開放美豬問題，先回答的朱立倫話鋒一轉猛批蔡英文，指責小英訪美國貿易代表署（USTR）搞神祕，指責民進黨搞暴力對立等等。隨後上台的蔡英文在答覆美豬問題前也不干示弱的說：「我倒是非常贊許朱主席，在回答一個非常嚴肅的問題，還可以空下時間來罵我。」

眉批

機智幽默的神回應，看來小英或許具備冷面笑匠的潛力喔。二〇一六的總統大選，朱立倫雖是代表執政的國民黨，無奈民調卻遠落後於蔡英文，辯論會採主動攻擊，在策略上屬合理，但小英顯然也不是省油的燈，簡單一句話，既回應朱立倫也是要讓選民評評理。

不能把橘子跟香蕉（其實是蘋果）來比。

背景

政壇白玫瑰誕生？！二〇〇〇年被扁政府延攬入閣的蔡英文，面對國民黨立委林國龍質詢：「媽祖說要直航回大陸，而你的政策是不接受無條件直航，那請問你是媽祖大，還是蔡主委大？」蔡妙答：「跟林委員報告一下，英文有一句話就是說：『你不能把橘子跟香蕉來比』，所以我想這個不是誰大誰小的問題。」

眉批

Compare apples and oranges，這句英文上課學過，意思是指把不相干的人或物硬湊在一起作比較。「媽祖大還是你大？」時任陸委會主委的蔡英文面對立委這樣質詢時，當下想到的是這句「蘋果不能拿來和橘子比」，只是情急下的口誤，蘋果說成香蕉了，於是就變成「不能把橘子跟香蕉來比」，台下哄堂大笑，原本質詢台上的緊張氣氛也幽默化解。

我打下的空間，就是你（朱立倫）去美國的空間。

背景

二〇一六年總統大選首場電視辯論會朱立倫說他很遺憾蔡主席到美國、同樣到USTR（美國貿易代表署），他是大大方方走進去，接受記者訪問，可是蔡主席在電視螢幕上卻是閃躲、不願講，民進黨官網都沒有這個行程。蔡英文則回說：她去USTR沒有偷偷摸摸，是基於跟美方共識沒有公開，「我打下的空間，就是你（朱立倫）去美國的空間」。

眉批

二〇一六大選前國、民兩黨參選人的訪美行，蔡英文的參訪時間安排在二〇一五年五月底展開，朱立倫則選在二〇一五年的十一月間；當下的蔡英文是台灣第一位總統參選人走進白宮和國務院的，所以囉，後到的朱立倫批蔡英文拜會行程閃躲不公開，小英自是回擊朱立倫「我打下的空間，就是你去美國的空間」。大選結束了，口水少一點，外交還是要不分藍綠的好。

站在你面前的是蔡英文，
不是陳水扁。

背景

二〇一二年的總統大選，蔡英文對上的是尋求連任的馬英九，首場總統大選電視辯論會（二〇一一年十二月三日），馬英九再度拿陳水扁的貪腐攻擊小英，指她的陣營人馬「不少來自扁團隊」，蔡英文不甘示弱回應：「現在是二〇一二年總統選舉，不是二〇〇八年，站在你面前的是蔡英文，不是陳水扁。」剛剛馬英九所提的政績，很多都是民進黨打下的基礎。

眉批

阿扁似乎是馬英九執政時期的最佳救火員，只要一出事立馬抬出「扁維拉」（扁維拉是PTT上鄉民常見用語，即前總統陳水扁與前紐約洋基隊知名救援投手 Mariano Rivera 的合體詞）。救援，屢試不爽，只是不管有沒有道理，一直消費扁維拉，相對陣營鐵定不耐。馬英九都上台四年了，竟還在數落扁時期如何如何，難怪小英會如此神回覆。是說風水輪流轉，到了二〇一五和二〇一六的兩次選舉，「支持ＸＸＸ就是支持馬英九」的口號竟成為國民黨各候選人最大的咒語。

一個執政黨或一個政治人物，不管他們做得再怎麼差，只要自我感覺良好，都可以編出美麗的謊言，開出美麗的空頭支票。

背景

二〇一五年十二月二十七日，蔡英文在首場總統電視辯論會的首回申論就砲火全開，她說依朱立倫的申論及前兩天的政見會發言就證明兩件事，「第一，一個執政黨或一個政治人物，不管他們做得再怎麼差，只要自我感覺良好，都可以編出美麗的謊言，開出美麗的空頭支票。第二，朱立倫與馬英九一樣離人民很遙遠。」

眉批

「自我感覺良好」好像是當初媒體送給馬英九的專屬形容詞，是不是真如此？國民黨人想必更有體會。對一般人來說，「自我感覺良好」代表的是無憂無慮沒煩惱，但對統治者而言，偏執偏聽的後果就是換了位置換了腦袋，愈是自我感覺良好，可能離人民的想法愈遙遠。

一個簡單的事實就是我走進去了。

背景

訪美行是蔡英文邁向總統大位過程很重要的一個指標。二〇一五年六月三日及四日，小英的拜會行程終於從民間來到最高權力核心的行政機關，這是台灣第一位總統參選人走進白宮和國務院，規格之高前所未見，針對一路跟拍的媒體詢問，小英面露自信卻也謹言慎行的回了這麼一句名言「一個簡單的事實就是我走進去啦」，就這樣子。

眉批

小英選前的訪美行，與誰見面？在哪種場合？談什麼議題？雙方幕僚可是經過長時間協商溝通才建立起良好的默契與互信，畢竟過程中的低調沉得住氣才能換來高規格的外交成果。「一個簡單的事實就是我走進去啦」，一個更清楚的事實是：小英是在美國務院會晤現任副國務卿布林肯（Antony Blinken），簡單一句話，盡在不言中。

兩國論是當時國民黨的總統所提出來的，當時所有的國民黨從政人員都同意。

背景

拿「兩國論」攻蔡英文屬國民黨的必考題，因為蔡英文和李登輝關係好，因為所謂的「兩國論」聽說幕後是蔡英文草擬的。二〇一六年總統候選人電視政見發表會，朱立倫質問蔡英文當初倡議的兩國論是否存在時，小英回說「兩國論是當時國民黨的總統所提出來的，當時所有的國民黨從政人員都同意，朱立倫當時擔任立委也同時簽署贊成兩國論。」

眉批

俗稱的兩國論，正式用語是「特殊的國與國關係」。這是前總統李登輝於一九九九年七月接受《德國之聲》專訪時所提出。理由是自一九九一年終止動員戡亂時期並廢止臨時條款加上修憲後，即表示中華民國政府已將領土範圍限定於台、澎、金、馬，並且承認中華人民共和國的合法性，此一現實下，台灣和中國大陸已非「一合法政府、一叛亂團體」或「一中央政府、一地方政府」的關係，至少是特殊的國與國關係。話雖如此，不過，政治是現實的，國際局勢也是現實的，大國與小國之間的利害關係，政黨與政黨間的對抗，向來就不能和有沒有道理畫上等號。

妳回北京以後，告訴他們，台灣的下一任總統曾經為妳服務過。

背景

二〇一五年六月，蔡英文登上美國《時代雜誌》亞洲版的封面。報導中描述曾和小英一起在高雄一間台式日本料理店用餐，當時蔡英文把最後一片鮪魚夾到記者的盤子上，並且介紹那塊鮪魚來自南方的屏東，她的出生地。

蔡英文對記者說：「妳回北京以後，告訴他們，台灣的下一任總統曾經為妳服務過。」

眉批

一句話展現的是自信、霸氣、以及彰顯台灣的民主價值。這次《時代雜誌》先後派出亞洲區總編輯譚崇漢（Zoher Abdoolcarim）、文字記者羅荷拉（EmilyRauhala）和著名戰地攝影費格遜（Adam Ferguson），近距離貼身採訪蔡英文。

整篇報導的標題是「她將可能領導華人世界唯一的民主國家」，事後證明也的確如此，內容頗多可觀之處，只是後來媒體聚焦的變成那張很搶戲的封面照片，小英與《星際大戰》裡的「尤達大師」超級比一比。

一個有為的執政者，應該訴諸人民的幸福與快樂，而不是恐懼與同情；一個有為的執政者應該請出老百姓來為他站台，而不是大財團。

背景

二〇一四年十一月二十八日九合一選前的台中造勢晚會，小英難得的火力全開：「一個有為的執政者，應該訴諸人民的幸福與快樂，而不是恐懼與同情；一個有為的執政者，應該請出老百姓來為他站台，而不是大財團。今天大財團為他們站台，明天他們就會做出符合大財團利益的政策。」

眉批

二〇一四年的六都市長選舉，雖然媒體焦點全鎖定台北市的柯P，但國、民兩黨選前的評估則是決戰中台灣，選前之夜蔡英文罕見的激情演說，令人動容的一席話果然讓十年磨一劍的林佳龍以二十萬票的差距強壓擔任市長長達十三年的胡志強，同時國民黨所謂的「濁水溪防線」也正式被攻陷。

「我知道自己的責任，也會盡一切所能，帶著這個黨從廢墟中爬起來。」打從二〇〇八年願意接掌民進黨主席，這一路走來蔡英文肩上註定的就只有「承擔」兩字。讓曾經被打趴的民進黨浴火重生，讓穿草鞋起家的民進黨質變轉型，讓民進黨重新贏回人民的信任，沒有一件事是好搞定的。黨內負債一堆，大老一堆，敵對陣營也給她冠上「暴力小英」稱謂，無一不是壓力，做不下去大可拍拍屁股走人，但小英撐下來了，再累再苦也得吞，因為堅定信念，勇於承擔，她帶領黨打贏一次又一次的選戰，她讓人民感受到民進黨的改革，只花了八年，但卻是如人飲水、冷暖自知的八年，再一次，中央全面執政。

態度 2

堅定承擔責任

阿姨不會讓你白白犧牲，這個社會破了很多洞，我會用盡全力來把他們都補起來。

您的呼籲，我都聽見了。我們的社會出了問題，我們的社會也受了傷。我不會只有心痛與不捨，我也不會只有憤怒。憤怒之後該做什麼，我已經有我的答案。

背景

二〇一六年三月二十八日的大白天，台北市內湖環山路發生一起震驚全國的女童遭隨機砍殺事件。光天化日，兇嫌不是為了尋仇，對象是無差別殺人，悲痛哀傷，這已經是七年來台灣發生的第六起隨機殺人事件了。蔡英文於事發翌日特地來到案發現場，並獻上一對兔子玩偶與卡片，卡片上寫著：「小燈泡，阿姨不會讓你白白犧牲，這個社會破了很多洞，我會用盡全力來把他們都補起來。」此外，小英也在臉書發表一封〈給女童母親公開信〉，信中小英說到：「您的呼籲，我都聽見了。我們的社會出了問題，我們的社會也受了傷。我不會只有心痛與不捨，我也不會只有憤怒。憤怒之後該做什麼，我已經有我的答案。」

眉批

憲法保障人民有免於恐懼的自由。以下是蔡英文寫給女童母親的全文：

敬愛的王女士：

昨晚，在電視機前，看見您的堅強，您的勇氣。在這樣悲傷的時刻，您有條不紊地說出自己的想法，並且要大家記得，社會依然有善良美好的一面時，我相信，很多人都紅了眼眶。

我的心情很悲傷。不過，我知道，此時此刻，任何人說自己感同身受，都無法安慰您。因爲這種事，除非親身經歷，否則很難體會那種悲傷有多深。

今天，每一個送孩子上學的爸媽，都緊緊牽著孩子的手，彷彿每放開一秒鐘，孩子就會陷入巨大的危機當中。我感到不捨，更感到責任。

您的呼籲，我都聽見了。我們的社會出了問題，我們的社會也受了傷。我不會只有心痛與不捨，我也不會只有憤怒。憤怒之後該做什麼，我已經有我的答案。

我們的社會安全網，有很多破洞。我的責任，就是讓每一個可能掉出這張網外的邊緣人，都可以被這張網接住，接受公平的教育，擁有穩定的工作，過著正常的生活。

我會用盡全力，把這些洞補起來，並且，在反毒，兒少安全，警力，心理健康和精神醫療這些面向上加倍努力。這是我會去幫您，以及幫所有台灣家庭完成的艱鉅任務。

冒昧寫這封信給您，希望不會產生您的困擾。我知道您不想被打擾，所以我暫時不會去拜訪您。這封信，您也不用回覆我，專心把家裡的事情照料好。有任何需要，我們都會在您身邊。

這世界有很多不完美，但在不完美當中，依然保持著對善與美的信念，就是人性當中最光輝的一面。您做到了，其他的事，就讓我們替您達成。

敬祝　平安

蔡英文

推動轉型正義的過程中，我們要讓受難者家屬有更多訴說的機會。彼此傾聽，相互扶持，一起穿越黑暗的過去，才能發掘未來的亮光。

背景

二〇一六年三月間，蔡英文因為讀了《因為黑暗，所以我們穿越》一書深受感動，特地至台中探訪白色恐怖時期「顧瑛案」的遺孀韓家璧女士。韓女士的丈夫顧瑛當年隨國民政府從江蘇遷徙來台，一九五五年在公路局上班的他被羅織為匪諜，經歷長達兩年的羈押訊問仍遭槍決，頓失生活依靠的韓女士靠著為人縫衣、織毛線衫，辛苦拉拔兒女長大。蔡英文除了不捨外，也強調「台灣不能再發生這種不幸。推動轉型正義的過程中，我們要讓受難者家屬有更多訴說的機會。彼此傾聽，相互扶持，一起穿越黑暗的過去，才能發掘未來的亮光。」

眉批

匪諜就在你身邊，檢舉匪諜人人有責，匪諜罪該萬死，羅織為匪諜理由可以一籮筐，在那個白色恐怖時期，因這類莫須有的罪名而受難者不知凡幾，而且不只是本省人。蔡英文說「受難者家屬也是受難者」，這一天（三月二十七日）蔡英文探訪的白色恐怖案件受難者是戰後來台的外省朋友，深具意義。顧瑛的故事因被收錄在新文化協會執行長陳彥斌主編的《因為黑暗，所以我們穿越》一書裡頭，所以被更多人看見；「顧瑛案」的遺孀韓家壁女士即使走過辛苦冤屈的歲月，仍願意相信「台灣是被神祝福的地方」。恨可以因時間而淡化，但歷史不能被遺忘，身為執政者，推動轉型正義，絕不能僅是嘴巴喊喊，重要的是要有心，一顆溫暖的心。

此時此刻，
我們都是台南人。

背景

二〇一六年二月六日小年夜清晨三點五十七分，發生芮氏規模六．四，震央在高雄美濃的強烈地震，台南市受創災情慘重，尤其是位於永康的維冠金龍大樓瞬間倒塌，造成百餘人死亡。蔡英文第一時間即在臉書發文表達關切並為台灣打氣，「此時此刻，我們都是台南人。」我們絕不放棄任何希望，大家一起堅持下去，台南加油！台灣加油！

眉批

話說二〇一五年一月，國際間發生恐怖份子以幾近行刑式攻擊法國巴黎的《查理週刊》，並導致十七人死亡，數小時後全球各地網友開始自發性發起「我是查理」串聯活動，除了追悼罹難者也是表達捍衛言論自由的決心，Je suis Charlie，Today, we are all French。小英為震災的台南祈福加油時特別強調「此時此刻，我們都是台南人」頗有異曲同工的味道，身為國家領導人，這句話相當具凝聚力且撫慰人心。

當我明明可以有所作為卻還選擇不作為時，我一輩子都不會原諒自己。

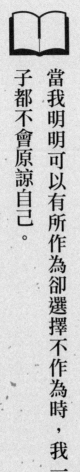

背景

民進黨選舉被打趴後的二〇〇八年，蔡英文在包括李遠哲等人的勸進下同意投入黨主席改選，心境的轉折是不捨支持者的眼淚，決定的主要關鍵是「民主」兩字，因為台灣不能沒有強而有力的反對黨存在，特別是「當我明明可以有所作為卻選擇不作為時，我一輩子都不會原諒自己。」

眉批

就這樣，蔡英文成為民進黨史上黨齡最淺（二〇〇四年入黨，黨齡四年）的黨主席。聽起來很夢幻，不過接黨主席之前，小英當過陸委會主委、立法委員和副閣揆，行政歷練算是相當豐富。

此外，蔡英文的表白：「當我明明可以有所作為卻選擇不作為時，我一輩子都不會原諒自己。」

這個心路歷程其實和她多次提到父親告訴她的話：「妳不需要跟別人爭。人家能做的事，讓人家去做；人家不做的，或者做不到的，妳再去做。」想法可說是不謀而合。

這個國家偉大的地方就在於每一個人都有做自己的權利。只要我當總統的一天，我會努力，讓我的國民，沒有一個人必須為他們的認同道歉。

背景

言論自由，信仰自由，這是民主台灣最珍貴資產，必須受保障，不容被剝奪。

二〇一六年一月十六日晚間，小英在發表當選感言時就特別強調：「台灣是一個民主自由的國家。這個國家偉大的地方，就在於每一個人都有做自己的權利。這個國家，保障所有國民，自由選擇的權利。今天的選舉結果，是向世界證明，台灣人就是自由人，台灣人就是民主人。只要我當總統的一天，我會努力，讓我的國民，沒有一個人必須為他們的認同道歉。」

眉批

二〇一六年總統大選前夕的一月十五日爆發「周子瑜拿國旗的道歉事件」，透過新聞畫面的播出，大家看到的彷彿是ISIS逼迫人質般的手法，一位異鄉打拚，未成年的台灣女孩委屈的發表道歉聲明，只因她曾手拿自己國家的國旗。全民的不捨與同仇敵慨，小英必然感同身受，勝選感言加了這段「這個國家偉大的地方，就在於每一個人都有做自己的權利……只要我當總統的一天，我會努力，讓我的國民，沒有一個人必須為他們的認同道歉。」這是總統的義務與責任。

我知道自己的責任，也會盡一切所能，帶著這個黨從廢墟中爬起來。

背景

二〇〇八年蔡英文接任民進黨主席必須立刻面對是扁案海外帳戶的棘手問題，處理稍有不慎，黨可能因此分裂。蔡英文身為黨主席就得概括承受過去八年的好與不好，她說自己絕不會閉上眼睛，而是要比任何人都更用心去凝視，「我知道自己的責任，也會盡一切所能，帶著這個黨從廢墟中爬起來。」

眉批

小英想帶領黨從廢墟中爬起來，最基本的前提是要讓黨員和支持群眾認同她，教授學者沒比較厲害，想了解民進當的奮鬥史，至少「草鞋」先穿起來，這是態度。

當政府和人民的距離愈來愈遙遠，當政府對國家的主權如此糟蹋，走上街頭就是義務。雖然國民黨給蔡英文冠上「暴力小英」的帽子，但小英選擇和人民一起上街頭抗議的過程，她終於取得「認證」，和民進黨融在一塊了。

這一刻，
我不可以再駝背。
我一定要腰桿挺直，
我是這個黨的主席，
壓力再怎麼大，
我都要扛起來。

背景

在《英派：點亮台灣的這一哩路》書中小英透露了一段鮮為人知的心路歷程。二〇一四年九合一大選前夕的台中造勢場，上台前的那一刻小英突然想到一件事，以前有位長輩常常提醒我：不可以駝背。沒錯，「這一刻，我不可以再駝背。我一定要腰桿挺直，我是這個黨的主席，壓力再怎麼大，我都要扛起來。」因為整個選戰的成敗，就看這一場演講，一定要把支持者的熱情激發出來。

眉批

二〇一四年的九合一選舉，如果把民進黨的勝選成果簡化成是柯P效應外溢所致絕非公平，有時候反倒是因為柯P話題盤據整個媒體，讓其他縣市的參選人苦無曝光機會，即便是小英主席也得忍得住少新聞版面的寂寞全台跑透透。蔡英文領軍的民進黨在這次的九合一選舉，二十二個直轄市長和縣市長席次中計拿下十三席，其中六都扣除禮遇台北市的柯文哲也拿下四都，治理的總人口數達一四四四萬人，超過台灣總人口數的一半，實質的準執政黨，小英選前壓力一肩扛，選後黨內地位無人能掠其纓。

我說過的話，我當然自己要去承擔。

背景

總統兼黨主席，馬英九是，陳水扁是，權力變大但施政卻沒更好，觀感不佳，輿論頗多批評，這回換成蔡英文，雖然是不同時空背景的現實考量，但被質疑是難免的。蔡英文強調，她會確保這樣的安排不會有黨意淩駕民意的情況，也不會有一人決策的情況，至於被質疑打臉自己，小英說「我說過的話，我當然自己要去承擔。」

眉批

其實對一般人民而言，只要能把國政做好，總統兼不兼黨主席可能未必在意，不過「前車之鑑」，黨、政權力集一身，何時收？如何放？倒是蔡英文必須謹慎以對的。小英說這樣的決定是為了適應新政治情勢，是為了讓溝通的平台更有效率，結果是好是壞？是會淪為「馬英九2.0」還是「蔡英文進化版」？人民就拭目以待了。

在面對挫折的時候，我們從來沒有倒下過。以前不會，我知道，這一次也一定不會。

背景

我知道此刻大家的心情。今天，我相信有很多人原本期待勝利，但是，現實不盡如人意。但是，我要跟大家說，我們要堅強，我們一定要堅強，我們一定要比誰都堅強。我們是民進黨，「我們過去在面對挫折的時候，我們從來沒有倒下過。以前不會，我知道，這一次也一定不會。」

眉批

出自小英二〇一二年敗選演說的經典談話，甚至有中國網友發文「這一刻，我不可救藥地喜歡上蔡英文。」這次小英挑戰馬英九差了八十萬票，相較二〇〇八年民進黨的慘輸二百萬票，已屬大躍進，想挑戰的山頂更非遙不可及，當然沒理由就此倒下，而且選舉期間小額募款刮起的「三隻小豬」風潮，也重新拾回支持者的熱情。

有真相才有和解，有和解才能帶來團結。
推動轉型正義，是為了讓未來的台灣人可以驕傲地說，
因為我們這一代人的努力，
台灣終於可以把破掉的「魚網」（希望）補起來了。

背景

二〇一六年的二月二十八日，蔡英文以總統當選人身份出席二二八和平公園舉辦的二二八事件六十九週年紀念會，她特別引述李臨秋老師在一九四八年，也就是二二八事件發生的隔年所寫的《補破網》歌詞。歌詞中破去的「魚網」，就是破去的「希望」。我們現在聽到的歌曲，一共有三段，前兩段是悲情、是憂悶、是鬱卒。但是在第三段，卻變成圓滿的結局。但是李臨秋老師說，他不希望後來的人再傳唱第三段，因為這一段歌詞是政治權力下壓迫的產品，不值得推廣。蔡英文說：「有真相才有和解，有和解才能帶來團結。」每年的今天，我們一起往後看，是為了以後一起往前走。「推動轉型正義，是為了讓未來的台灣人可以驕傲地說，因為我們這一代人的努力，台灣終於可以把破掉的『魚網』（希望）補起來了。」

眉批

這是蔡英文於二二八紀念會的致詞，全文中她也特別提到關於「轉型正義」的看法，並引用一位阿根廷記者對歷史的反省——他說，「當那麼多人還沒有墳墓的時候，我們怎麼能遺忘過去」，蔡英文說這就是我的態度。

改革的第一哩路已經開始。

改革的能量要放到最大，改革的動盪會減到最小。

背景

中華民國第一位女總統正式誕生，開票當晚的勝選感言，攻山頭的最後一哩路立刻無縫接軌成「改革的第一哩路已經開始。」投票是一天，選舉是幾個月，不過，改變這個國家，卻是每一天都必須持續的工作。「改革的能量要放到最大，改革的動盪會減到最小。」

眉批

二〇一六年的蔡英文拿下六百八十九萬票，大贏對手朱立倫三百萬票，這次人民無懸念的讓民進黨重返執政，讓國民黨下台反省，小英肩上擔子重，改革之路千頭萬緒，蜜月期不會太長，就如她曾說過的，不敢改革就是領導人的失職。

只要你有意志，就會找到方法。

背景

Where there is a will, there is a way. 這句大家都學過的英文，常被翻譯成「有志者，事竟成。」但如果直譯就是「只要你有意志，就會找到方法。」蔡英文說她很相信這個直譯的意義，比如談判並非訴訟，非得爭個輸贏，但只要你有耐心，再困難的事都可以坐下來慢慢談，都會找到答案。／出自《洋蔥炒蛋到小英便當》一書。

眉批

不要急著做決定，耐心等待最好的時機。這的確是小英的行事風格。不急著做決定不等於沒有魄力，耐心可以營造更多的可能，至少對凝聚共識絕對有幫助，至少在處理兩岸關係絕對要謹慎再謹慎。

政務官是向台灣人民負責，
不是向民進黨中常會負責。

背景

蔡英文是民進黨黨齡最淺的主席，「六八九」這個數字對蔡英文總統的意義是權力來自人民授予，所以選後的二〇一六年四月九日，民進黨召開臨時全代會，小英主席特別說明必須修改黨章的理由，那就是「政務官是向台灣人民負責，不是向民進黨中常會負責」，未來政務官不用當黨的中常委，讓政務官與黨的關係成為真正合作與夥伴關係。

眉批

蔡英文挑選的副總統搭擋陳建仁、行政院長林全，他們都不是民進黨籍，但他們都是國家的優秀人才。小英主席的意志，民進黨臨全會通過黨章第十三、十五及十五條之一修正案，即未來副總統、總統府秘書長、行政院長，不再是「當然中常委」，而當政府高層不用綁黨職，底下做事的公務員才可能擺脫人情壓力。現在規定是改了，就看能否說到做到。

「非典型」這三個字經常被用來形容蔡英文，特別是一開始置身傳統民進黨生態裡。不擅政治語言，演講場也不夠激情，甚至倒裝句的思考邏輯一出總會讓台下的群眾說好也不是，喊不對也怪怪的，但也就是這樣的蔡英文，當她超理性的說「你可以哭泣，但不要洩氣；你可以悲傷，但不要放棄」時，觸動人心的語言穿透力絕對無比強大。態度決定高度，三隻小豬的小額募款是態度、敢說民進黨不等於台灣是態度、不斷強調團結這個國家是態度，即便當年參選新北市長最後一夜造勢得知連勝文槍擊案可能引起的政治效應，依舊不願煽動現場群眾的情緒，這更是態度的展現，而小英的格局就是這般一點一滴累積出來的。

態度 3

非典型領導人

你可以哭泣，但不要洩氣；
你可以悲傷，但不要放棄。

背景

今天晚上，我相信大家心裡都很難過；如果你心裡真的很難過，就讓它發洩出來。你可以哭泣，但不要洩氣。你可以悲傷，但是不要放棄。因為明天起來，我們要像過去四年一樣的勇敢，心裡充滿著希望。因為，我們必須勇敢地扛起這個國家的責任，我們必須樂觀地，繼續為台灣這塊土地打拚。

眉批

二〇一二年一月十四日晚間，蔡英文面對上萬支持者的敗選感言被譽為史上最成功也最有風度的演說，其中這句「你可以哭泣，但不要洩氣；你可以悲傷，但不要放棄」更是經典中的經典，斯情斯景，雨水與淚水交織的感動，格外讓人動容。因為這篇演說，大家進一步搜尋的關鍵字叫「姚人多」，沒騙你，政治人物的文膽真的超重要。

這一次，
我們已經接近山頂，
我們還差一哩路。

下一次，
我們一定一起走完最後一哩路，
好不好？

背景

二〇一二年一月十四日當晚確定大選失敗的蔡英文站上舞台，強忍淚水，想的是如何安撫台下上萬支持者的情緒。「我們已經接近山頂，我們還差一哩路。我要告訴大家，這樣的結果很遺憾，但是，我們不是一無所有……我相信，只要大家繼續站在我們身後，給我們支持，給我們鞭策，我們一定還有未來！下一次，我們一定可以走完最後一哩路！」

眉批

日劇美劇常會出現最終回收場前留下伏筆，就像在跟觀眾暗示還會演第二季，敬請期待。

二〇一二年總統大選投票日當晚，同樣也預告了【小英的故事Part2篇——《最後一哩路》】即將推出，而且還是大河劇般的演到二〇一六年喔！「下一次，我們一定一起走完最後一哩路，好不好？」這是小英對支持者的承諾，而且是捨我其誰的約定。即便現在，談蔡英文的總統之路，萬不能遺漏「最後一哩路」的傳說。

民進黨不等於台灣，國民黨也不等於中華民國。

背景

這是蔡英文二〇一五年十月十八日在全國競選總部成立的談話。「民進黨不等於台灣，國民黨也不等於中華民國」，未完，後面接下去的話更猛：「如果台灣在我們這一代人的手上失去決定自己未來的權力；如果中華民國在我們這一群人的手上失去民主自由的生活方式，即使這兩個政黨被掃進歷史灰燼，台灣人也不會覺得可惜，這才是真正的民主。」小英的這段話是在回應朱立倫，因為朱立倫在前一天國民黨臨時全代會嗆說，民進黨若全面執政，台灣還有民主嗎？

眉批

競選期間蔡英文多次強調，她的選舉並非是要打敗任何人，而是要打敗台灣的困境；她要團結的是整個台灣，而不是團結一小部份的人。多元價值，不同的意識形態，當「台灣人」是最大共識，當「中華民國」是最大公約數，蔡英文要守護的就是這塊土地上的民主自由與人權。民進黨不等於台灣，國民黨也不等於中華民國，蔡英文這番話有高度有自省，期待未來政黨不再亂扣帽子，不再政治操作，凝聚認同才能團結台灣。

我知道自己有一個很重大的責任，就是去團結這個國家。

背景

二〇一六年一月十六日，小英當選記者會的演講最後，特別提到前一天發生的「周子瑜事件」。「我知道自己有一個很重大的責任，就是去團結這個國家。這兩天，有一個新聞撼動了台灣社會。有一位在韓國發展的台灣藝人，一個十六歲的女生，因為拿著中華民國國旗的畫面，而遭到打壓。這件事，引起了不分黨派的台灣人民普遍的不滿。這件事將會永遠提醒我，團結這個國家、壯大這個國家，並且一致對外，是我做為下一任中華民國總統，最重要的責任。」

眉批

投票前一晚的「周子瑜事件」讓國民黨選情雪上加霜，所謂的「一中各表」不復存在，但相對的也因為「周子瑜事件」，中華民國這個名稱和中華民國這面國旗，朝野間的共識拉進一大步。執政者喜歡喊團結，小英也說我們不會因選舉而分裂，而是因民主而團結，「周子瑜事件」或許是個契機，至少大家可以團結一致對外。

如果我們去吸納公民社會的力量，對民進黨或許不是一件壞事，但對社會並不是一個最好的事情。

背景

這是蔡英文上鄭弘儀主持的《新聞看透透》節目中的談話，時間是二〇一四年五月五日播出。小英認為，「如果我們去吸納公民社會的力量，對民進黨或許不是一件壞事，但對社會並不是一個最好的事情。」畢竟政黨一定有它的政治邏輯跟政治目標，社會力量如果被吸納到政治裡頭，就比較無法用一個整體客觀的社會角度來看問題。社會力量可以是站在旁邊，監督這些政治力量的運作，政黨若是太過偏執於自己的利益，那個時候社會力量就會出來去做平衡。

眉批

蔡英文受訪播出的時間是二〇一四年五月五日，這個時間點也就是「太陽花學運」剛落幕，整個公民力量眾聲喧嘩來到顛峰之際；同樣的，這個時間點往前推的蔡英文，是以無公職無黨職身份走遍城鄉每一角落，更能感受社會氛圍，體察政治趨勢的變動活力；小英顯然清楚公民力量未來所扮演的關鍵角色，對政黨與公民力量之間的競合關係亦有所定見，所以，在回任民進黨主席後經歷的兩次大選，從過程和結果觀，至少方向是對的。

「英派」代表民進黨團結一致、走向務實改革的一條路上，這是一個團結政黨。你要說民進黨只有一個派系的話，我承認這個派系就叫做人民。

背景

二〇一五年十二月二十七日的首場總統電視辯論會，朱立倫說如果他當選，不會一人當道、一派當道、一黨當道，絕對不能讓台灣一人當道，英派當道。針對性十足的發言剛好也給了小英向人民說明的機會：「『英派』代表民進黨團結一致、走向務實改革的一條路上，這是一個團結政黨。你要說民進黨只有一個派系的話，我承認這個派系就叫做人民。」

眉批

民進黨本來就是派系林立，派系打天下的政黨，即便被說成「英派」當家，事實上也是一步一腳印拚出來的。想當初二〇〇八年大選慘敗的民進黨，失去中央執政權，立委只剩二十七席，黨還負債二億多，那時候不少觀察家都預言被打趴的民進黨至少二十年起不來，但選在此時跳火坑的「非典」小英，人家可是拚了命的改革並累積一場又一場的戰功，才能在短短八年即讓民進黨浴火重生，奠定黨內難以撼搖的聲望地位。重返執政的「英派」是不是代表民進黨團結一致、走向務實改革？現階段的答案會是肯定的，未來呢？須要咱們一起看下去也監督下去。

我拼了命，

也要把各位的淚水轉化為笑容。

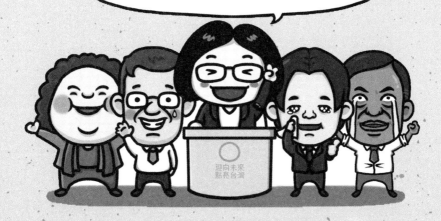

讓我們擦乾淚水迎接台灣新時代
迎向未來
點亮台灣

背景

第一次是二〇一五年四月十五日，蔡英文獲民進黨提名總統候選人時發表的參選宣言：「今天早上出門之前，我想起了二〇一二年敗選那一夜，現場有很多年輕人，掉下他們的眼淚。在今天，我告訴大家，也是我今天早上告訴自己的，我拚了命也要把那些眼淚轉換成笑容。」再一次提到則是二〇一六年一月十六日晚在群眾歡呼聲中的當選談話：「我那時說：『我拚了命，也要把各位的淚水轉化為笑容。』各位，我們都做到了！」

眉批

從「你可以哭泣，但不要洩氣。你可以悲傷，但不要放棄。」到「我拚了命，也要把各位的淚水轉化為笑容。」小英這最後一哩路花了超過一千個日子，腰彎得更低，走入偏鄉，看見台灣，一個有溫度的蔡英文想證明的是她不會如外界所形容是「女版馬英九」。

我沒有辦法因為選舉，放棄我所相信的理性，放棄政治人物捍衛民主、讓社會冷靜的職責。

背景

二〇一〇年蔡英文以黨主席之姿投入新北市長選舉，對決國民黨提名的朱立倫，兩軍激戰，民調互有領先，豈料選前之夜傳出連勝文幫新北市議員站台時遭槍擊，選情氛圍瞬間凝結。當下得知消息的蔡英文事後說：「我真的很想贏，可是我沒有辦法因為選舉，放棄我所相信的理性，放棄政治人物捍衛民主、讓社會冷靜的職責。」選前之夜的小英當真絕口沒提這件事。

眉批

二〇一〇年的新北市長選舉，最終蔡英文以十一萬票的些微差距落敗，不過民進黨整個氣勢已從兩年前被打趴的困境中走了出來。這次的五都選舉民進黨雖只拿下台南和高雄兩席，但總得票數卻比國民黨多了四十萬票。選前的槍聲，阿扁有兩顆子彈，連勝文也中一槍，這對選情很難不被影響，這對台灣民主絕對傷害，天佑台灣。

未來台灣的小女生在寫我的志願時，也可以寫下「我要當台灣的總統。」或當總統前不加上「女」字，才是社會真正接近平等的時候。

背景

二〇一六年的婦女節前夕，蔡英文出席黨內主辦的「新女力青年論壇」時表示，這次很多人拋棄刻板印象選擇女性擔任國家的總統，她相信這是台灣性別平等上的一大步，也相信跨出這一大步後會有更多性別刻板印象可以被扭轉。蔡英文說，她曾在選前之夜期許「未來台灣的小女生在寫我的志願時，也可以寫下我要當台灣的總統」，隨後更在臉書上寫著「當總統前不加上『女』字，才是社會真正接近平等的時候。」

眉批

「穿裙子的不適合當三軍統帥。」這是辜寬敏曾說過的話，但人民就是用選票產生台灣第一位女總統；雖然性別平等不太可能因為台灣出了女總統就能翻轉結構，但不要讓性別成為職場的天花板，這是小英任內能做的，未來，當總統前不用加上「女」字，這是小英的期許。

我並不是沒有熱情，對於人的種種傷痛，我有著跟別人一樣多的感同身受。

背景

《英派：點亮台灣的這一哩路》書中小英提到，很多人覺得我的個性太沉靜、太冷，缺乏渲染力。其實，我想說的是，「我並不是沒有熱情，對於人的種種傷痛，我有著跟別人一樣多的感同身受。」不過，我總是覺得政治領導人首要的責任是管理自己的情緒。理由很簡單，因為，我們的情緒經過媒體報導，會有更大的傳染力。

眉批

熱情主動多一點，這應該是蔡英文邁向總統大位最後一哩路的重大轉變。小英的體悟與自省是熱情若能感染更多人來參與正確的事，那自己就應該努力調整自己的角色與心境，若打開自己能讓世界因你而更好，那過於冷靜反而是在逃避責任。媒體鏡頭前豁出去的小英，其實還滿萌的。

我是內向的沒錯，但我其實滿會處理人際關係，
在外面跟人群的互動很不錯。

背景

蔡英文在二〇一五年接受《今周刊》第九四九期專訪時表示，自己來自一個大家族，共有十一個兄弟姊妹，從小父母兄姊就給我很大安全感，養成我遇到事情不驚慌的個性。有人說我小時候是靠牆壁走路的人，看起來很內向；「我是內向的沒錯，但我其實滿會處理人際關係，在外面跟人群的互動很不錯。」

眉批

小英可能內向，但絕非「吃素」，處理人際關係，用心聆聽，勇於承擔，她非派系中人，但各派系卻能為她所用，進而成就出全黨團結一致的「英派」。以前的確有很多人不看好她，但小英證明到現在還可以在這裡，她是黨主席，她是中華民國總統。

我是蔡英文，我現在走路有時候還是會靠牆邊，
不過，我知道，現在的我跟以前已經不一樣了。

背景

出自《洋蔥炒蛋到小英便當》一書的小英自序。二〇一二年蔡英文決定要選總統，這位非典型政治人物，不少人形容她帶神祕感，很多人對她都是有點熟卻也頗陌生。要登大位者有必要以更透明公開的方式讓普羅大眾認識她，而且也有義務說服選民：「我是蔡英文，我現在走路有時候還是會靠牆邊，不過，我知道，現在的我跟以前已經不一樣了。」

眉批

人生本來就是不斷的意外所組成。因為家中的生意需要，小英順從父親的建議讀法律，因為留英時學的正好對應到全球化議題，所以她成為台灣加入WTO談判的首席顧問；也因為有此歷練，後來她做了政務官也當上立委，甚至是黨主席，以及現任總統，這樣的蔡英文從最年輕的蔡教授到台灣第一位女總統，現在的小英跟以前的她，非常的不一樣。

宇昌案受害最深的，不是我個人，而是生技產業的發展，還有民主的價值。

背景

二〇一二年總統選舉期間國民黨爆料的「宇昌案」對蔡英文受傷頗重；選後特偵組以查無不法簽結，二〇一五年十月二十七日台北地方法院一審宣判前經建會主委劉憶如需賠償二百萬元。蔡英文感慨，也許是遲來的正義，但是心中並沒有任何的欣慰；蔡英文表示，宇昌案受害最深的，不是她個人，而是生技產業的發展，還有民主的價值。國民黨應該向這些蒙受污衊的科學家道歉，為傷害台灣的民主、傷害了生技產業的發展，向人民道歉。

眉批

宇昌案在司法上查無不法，但卻是敵對陣營很適合拿來打選戰的議題，這並非指出示的證據多確鑿，而是攻方不斷丟題目，防守方再怎麼澄清都會不堪其擾。柯文哲選台北市長時對「MG149案」的處理模式很值得日後政治人物參考。宇昌案對小英二〇一二的選情影響不算小，是最後一哩路上的絆腳石，但也因為本案最終查無不法，所以在二〇一六年的捲土重來，小英更自信滿滿的表示，千錘百鍊，絕對經得起檢驗。

此外，選後蔡英文也以當選總統的高度，對同案的吳敦義夫婦撤告，且無任何和解條件。

希望每個年輕人都能大聲説出「我想當勇者」。

背景

《勇者（略）》是台灣本土漫畫家Bigun的新作品，蔡英文在競選期間就曾與包括Bigun在內的動漫界人士舉行座談，而且對當時Bigun提到青年漫畫家現況忍不住哽咽的情景印象深刻。小英說，《勇者（略）》裡描繪的世界很像現在的社會，鼓勵年輕人一心向學，但社會上卻沒有適當的產業環境，讓學有所成的年輕人學以致用。蔡英文的有感而發，希望未來的台灣能讓每個年輕人都像主角一樣，大聲說出「我想當勇者」這樣的夢想，然後去實踐它；就像Bigun這樣的創作者，都能更大膽的逐夢。

眉批

小英（和其幕僚團隊）可能是第一位真的把動漫產業當一回事的總統級人物。大選期間看得見萌版的競選MV，戴貓耳參加「動漫見面會」；選後更出席「開拓動漫展」，對動漫迷直呼「霧島小英」有回應，對漫畫家蠢羊、Bigun等的作品關照有加，出席「台灣電子遊戲機國際產業展」致詞兼玩夾娃娃機……，這一連串舉動看在眾多ACG迷眼中不僅感動，也必定會按無數個讚，因為過去政府從來沒有真心扶植這一塊；因為過去只要社會出了問題，動漫粉和所謂的阿宅只有被抹黑的份。所以，小英總統，請真心傾聽「我想當勇者」的聲音。

如果人的價值觀念不改變，教改不會成功；改制度不改人的觀念，會愈改愈吃力，若她講的四個迷思不打破，再怎樣的教改都會很困難。

背景

這是蔡英文對教改的談話，這是蔡英文對莘莘學子的期勉。關於教改，蔡英文說教改是一個困難的過程，教育不只是學生問題，也是老師、家長和社會價值對教育期待的問題，這是一個累積式的過程，非常牢不可破，要做一個改革是一個很鉅大的過程；改制度不改人的觀念會愈改愈吃力，家長要學習放手，讓小朋友學習決定自己要什麼。

關於四個迷失，蔡英文期許學生們打破的四種迷思：「我還很年輕，現在不用想以後要做什麼。」「高中唸完一定要馬上唸大學。」「不管社會上發生什麼事，只需要專心念書就好了。」「想要做一個很有學問的人，卻不能自己思考。」四個迷失不打破的話，再怎樣的教改都不會很好。以上談話是小英總統上任前四月十六日出席《今周刊》舉辦的「妳的世代我們的未來．與小英姐姐面對面論壇」與高校女生的演講對話。

眉批

與高中生對話，小英用自身經驗搏感情。她說「我的貓非常好奇，那是解決問題的動能，是非常重要的人格特質」；她自曝「以前唸高中全班五十八人，她考五十幾名」；她自嘲「唸台大法律系是悲慘人生，從大一到大四都聽不懂」；但，重點來了，小英說她學到生存能力，如何在考試時寫出及格的考卷；小英期勉學生的語重心長，簡言之就是不要高中畢業了，還不會換電燈泡。

曾經失敗過的政黨能夠再度經由選票拿回執政權，蔡英文念茲在茲的就是要民進黨謙卑、謙卑、再謙卑。因為二〇〇〇年扁政府執政的八年期間就曾經因操守問題致二〇〇八年民進黨的兵敗如山倒；畢竟這回「六八九」的選票密碼，馬政府二〇一二年也曾經擁有過，只是自顧的自我感覺良好，遠民意的結果就是來得快去得更快。小英說：「權力，是人民給我們的，人民隨時都可能把它收回去。」小英更說：「升官發財，請走別路。」告誡再告誡，警惕再警惕，小英的不厭其煩，因為民進黨中央執政，國會取得過半優勢，尤須謹記在心的是勿忘初衷。

態度 4

強者更要謙卑

謙卑、謙卑、再謙卑。

背景

二〇一六年一月十六日是總統大選及立委改選投票日，當晚開票結果，民進黨提名的蔡英文和陳建仁毫無懸念的以六八九餘萬票順利當選中華民國第十四任總統、副總統，政權再度輪替，同時間的立委選舉，民進黨亦取得首度國會單獨過半的六十八席（總席次一一三席），雙喜臨門，小英在確認當選，面對競選總部前超過三萬名支持者發表勝選感言時仍不忘嚴肅提醒：「在這裡我要以總統當選人的身份，也要以黨主席的身份，對民主進步黨全體黨公職人員，下達第一個命令『謙卑、謙卑、再謙卑』。」

眉批

權力是人民給的，贏得選舉尤須謙卑，只是這個謙卑、謙卑、再謙卑，對洋溢勝選氣氛的支持者和黨工而言，一直唸下去當然就是「呼乾啦」，當然就變成千杯、千杯、再千杯！這個非事先設計的哏，小英似乎也頗呷意，在隨後的謝票行程中，小英便多次拿這個「千杯」哏自娛娛人。小英難得愛說笑，台語「是謙卑不是千杯」的話一出，掌聲特別大，大家捧場得很。

做強者的要謙卑。

背景

二〇一四年五月初，蔡英文在當時鄭弘儀主持的《新聞看透透》節目中談到常常有前輩提醒她一件事，「做強者的要謙卑。」而她覺得馬英九就少了一個身為強者的謙卑，畢竟在民主社會裡，最重要的是能夠聽別人說，體察民意的走向，能不能跟大家坐下來好好談一個大家都能接受的方案，這個比溫良恭儉更重要。

眉批

小英似乎很在意謙卑兩字，因為很重要，所以要特別說三次「謙卑、謙卑、再謙卑」。傾聽民意、和解共生、不會整碗捧去，這些都是屬於當政者的謙卑。做強者的要謙卑，現在就看民進黨如何展現氣度和謙卑了。

「雙英會」有三個意義：

①是民主；

②是責任；

③是合作。

背景

千呼萬喚，五二〇政權交接前的「雙英會」，蔡英文與馬英九終於在三月三十日的台北賓館碰面了，前後任總統見面，即便是場面話也得要有高度。蔡英文說：「『雙英會』有三個意義，第一個是民主，選舉結果代表的是民主化以後第三次的政黨輪替，民主的制度讓我們能夠在一定的社會制度跟氛圍之下順利的交接政權，這是留給後代非常重要的資產。第二個是責任，這次政黨輪替交接期長達四個月，我們必須共同努力達到三件任務。第一，確保政務移轉的順利跟過渡。第二，希望能夠建立一個交接的制度，讓這一次或以後的交接有一個制度性可以遵循。第三，我們必須共同來穩定政局，讓這個交接期國內政情可以穩定。第三個是合作，不管過去政黨競爭是怎樣的激烈，我們總是要努力讓人民看見，政黨之間是有合作的可能。」

眉批

「雙英會」開始，小英手都握了，雙方的第一句話，馬英九對蔡英文說：「好久不見。」蔡英文笑回：「我常在電視上看到你！」先禮後兵，氣氛不錯下展開。就職前，前後任元首會面有其必要，可以形成慣例，當然更重要的，政權交接一定要法制化，一定要做好做滿，還有以後政權交替的看守期請不要長達四個月，超過百日，這點中選會應該辦得到。

權力，是人民給我們的，人民隨時都可能把它收回去。

背景

首度取得國會過半席次的民進黨於新會期開議前的二〇一六年二月十七日舉行「第九屆立法委員研習會」，黨主席蔡英文在致詞時說，權力，是人民給我們的，人民隨時都可能把它收回去。所以，我們能不能繼續寫下漂亮的成績，讓人民一直願意把立法院交給我們，這就要看各位在未來四年的表現。

眉批

二〇〇八年曾經被打趴的民進黨，只花了八年時間即再度完成政黨輪替，並且取得國會過半席次。人民曾經用選票讓民進黨下台，也再一次用選票讓民進黨擁有權力；同樣的，八年前人民也讓國民黨完全執政，只是八年後就把權力收回去了。小英的期許和戒慎恐懼，人民會聽其言觀其行，並逐一檢驗的。

過去在座的所有人都在街頭拿著大聲公，希望大家莫忘初衷，要做人民的大聲公，讓今年成為改革元年。

背景

二〇一六年二月十七日蔡英文出席民進黨第九屆立委研習會議中除了期勉立委同志要繳出漂亮的成績單外，更強調民進黨是依賴人民才站起來的政黨，「過去在座的所有人都在街頭拿著大聲公，希望大家莫忘初衷，要做人民的大聲公，讓今年成為改革元年。」

眉批

完全執政完全負責，特別是立法院，透明效率不再黑箱，全民都瞬大眼睛看啊。立委拚問政，努力開會，提案衝業績是好事，不過，還是要提醒的是，改革未必完全等於數據上的量化，拚曝光率拚知名度雖非壞事，但內容有沒有料，是不是專業，人民還是分辨得出來。

我們必須認清，現在是公民社會要不要接納民進黨，而不是民進黨能不能領導公民社會。

背景

二〇一三年是公民力量的覺醒年。三月的反核大遊行是「媽媽」這個角色跳出來主導，數萬人上街頭的景象是娃娃車比宣傳車多；八月初的「萬人送仲丘」活動，更是匯集二十五萬白衫軍上凱道。當國民黨還誤以為這是民進黨幕後策動時，小英早已意識到一股新興力量正崛起，她在二〇一四年元旦於臉書發文時特別指出：「我們必須認清，現在是公民社會要不要接納民進黨，而不是民進黨能不能領導公民社會。」簡言之就是新時代已經在門口敲門，民進黨的態度是什麼？

眉批

其實這股公民力量的湧現，某種程度也代表著對民進黨的無奈與不滿，認清潮流趨勢的小英選擇的是把門打開，所以在隨後引爆的三月「太陽花學運」，很清楚的民進黨立委只能認份的被晾在一旁，他們可以不是主角，但他們與公民力量站在一起。之後的九合一選舉和立委改選，蔡英文主席也都選擇在部份選區與公民力量做整合，匯集更大的人民聲量。

升官發財，請走別路。

背景

「升官發財，請走別路」，這句話小英在公開場合至少提了兩次。第一次是選前二〇一五年九月十九日在民進黨全代會致詞時說的，蔡主席說「如果我們現在就幻想著榮華富貴，那我要告訴有這種想法的人，你真的來錯地方了。」第二次是選後二〇一六年二月十七日在民進黨舉行的「第九屆立法委員研習會議」中的精神講話，蔡總統對黨團成員告誡「升官發財，請走別路」，希望立委們進入國會要莫忘初衷，繼續做人民的大聲公。

眉批

蔡英文選前選後都特別強調「升官發財，請走別路」，這除了是對身為執政黨的訓勉期許，也是向台灣人民的宣示承諾。不過諷刺的是，這句被小英拿來引用的八字箴言，正是鳳山陸軍官校門口的對聯喔！

陸軍官校的前身即黃埔軍校，創立時命名為「中國國民黨陸軍軍官學校」，第一任校長是蔣中正，所以嘛，「升官發財，請走別路」，黨德黨魂，想重新檢討改造的國民黨，豈能遺忘初衷？！

我不是來（美國）面試。如果民主是一場考試，那台灣人民是我唯一的主考官。

背景

大選前的二〇一五年五月二十九日，蔡英文率團展開為期十天的「點亮台灣、民主夥伴之旅」訪美行程。不甘寂寞的中國駐美大使崔天凱循例跳出來批小英不該來美國考試，「她首先要能過得了十三億中國人民的考試」。小英除了回應「我不是來面試」外，在華府台僑安排的歡迎會中更加碼強調「如果民主是一場考試，那台灣人民是我唯一的主考官，我只需要對兩千三百萬台灣人民交代我的答案。」

眉批

台灣外交處境特殊，身為有機會當選的總統參選人，選前訪美並與相關人士溝通政策有其必要，蔡英文如此，朱立倫亦然，而中共不就是從中搞破壞的最大阻礙嗎？這次的考試題目叫「民主」，對岸若也想當主考官？不如先好好落實民主吧！

在這裡，我要跟大家說，如果大家真的很高興，
我們就大聲為台灣歡呼一次。

背景

二〇一六年一月十六日屬於民進黨的勝選之夜，數萬支持者就等著小英這樣說：我知道，這些年來，你們對蔡英文有一個小小的抱怨。就是大家認為，我太過理性，從來不公開表達自己的情緒。所以，「在這裡，我要跟大家說，如果大家真的很高興，我們就大聲為台灣歡呼一次，好不好？」

眉批

小英自嘲太過理性，顯然也非人來瘋，向來很ㄍㄧㄥ的她面對沉醉勝選氣氛，滿心歡喜的民眾依舊淡定，「爽」這個字轉換成小英的語言就是「如果大家真的很高興，我們就大聲為台灣歡呼一次」。就是這位太過理性的蔡英文才能讓民進黨快速重生。

只要給鄉民一個東西，
他們就可以給你很多進化版。

背景

二〇一六年一月七日蔡英文參加周玉蔻網路節目《大家說英文》首集「鄉民新政治」時被問到對「鄉民」的看法，小英直言以前在幕僚報告網路輿情時，她常常有聽沒有懂，後來了解後發現鄉民最擅長的是聯想、歸納、整理資料，「只要給鄉民一個東西，他們就可以給你很多進化版。」

眉批

網路時代，鄉民力量之大，肉搜、Kuso是基本款，公眾人物如果太假掰，打臉之外可還會附贈產生器喔。政治人物對「鄉民」多半是既愛又怕被傷害，小英被問到這一題，的確不好答，過與不及之間，這個答案，這般的形容，中性的讚賞，及格了。

花瓶可以穩穩放在桌子上，是因為有撐起這張桌子的腳。

背景

小英是「花瓶」？這是她在陸委會時期形容自己與幕僚的關係。摘自商周出版《蔡英文：從談判桌到總統府》一書，小英說，陸委會如果是一張桌子，那她在陸委會的角色就像放在桌子上的花瓶，「花瓶可以穩穩放在桌子上，是因為有撐起這張桌子的腳」，而像傅棟成、詹志宏、劉德勳、鄧振中等許多專業幕僚，就是桌子的腳。

眉批

學者性格的蔡英文對幕僚所提建議相當尊重，特別是二〇〇〇年入閣接掌陸委會，除了政策制定推動外，還得學習與媒體和立委溝通打交道，不過小英夠用功，吸收力超強，幾次犀利亮眼的表現立刻搏得政壇白玫瑰稱號。領導人一人無法成事，需要靠整個團隊支撐，小英自謙形容，她這個花瓶的功能就是代表幕僚到立法院應對立委答詢，面對媒體開記者會。

我今天只有一個任務，
thank you thank you and thank you。

背景

二〇一六年三月十九日，蔡英文出席「紙風車劇團」在兩廳院藝文廣場的兒童藝術工程第二百場公演致詞表示，自己站在台上不是因為總統當選人，也不是因為民進黨主席，而是因為自己是紙風車劇團的原始發起人也是贊助人，「我今天只有一個任務，thank you thank you and thank you，感謝過程中所有人熱心的付出，讓理想實現、讓全國的孩子們在成長的歷程有美好的記憶，尤其是偏鄉的孩子也一樣享受得到。所有看過紙風車表演的人，一定都希望再度看到紙風車的表演。」

眉批

「紙風車劇團」是在二〇〇六年開始全國三一九鄉鎮兒童藝術工程免費巡演，十年間最高抵達阿里山，最遠走入金門烏坵，總里程已達四十三萬公里，不靠政府補助，完全由民間募款支持。整個工程發起人包括吳念真、賀陳旦、小野、于美人、陳明章、汪用和以及蔡英文等人。藝術扎根，走入偏鄉，拉近城鄉差距，這項兒童藝術工程的發起當時，蔡英文還不是民進黨主席，之後即便小英接了黨主席，也是一個負債兩億的燙手山芋，但不管是忙於黨務還是錢事，小英的真心堅持和默默付出卻始終沒中斷過。thank you thank you and thank you，這樣的小英揪感心。

我知道，內閣成員的性別比例，讓大家失望了，
各位的指教，我虛心接受。

背景

小英政府的林全內閣人事揭曉，四十位閣員中只有四位女性，參政比例僅十％。對於這份名單，多個婦女團體特地跑到民進黨中央大樓前演出行動劇表達不滿，並認為林全沒有性別意識，「用了很多大叔」，而蔡英文也沒有把女人放在心上。對此，蔡英文則在臉書貼文表達「讓大家失望了，各位的指教，我虛心接受」。把這件事寫在臉書，小英說不只是回應，反省，也是對自己的提醒。

眉批

豈止女性入閣比例少，林全內閣甚至也被指為太藍、太老。但，換個角度觀，人民期待的新政府是要能立刻進入狀況，沒什麼新手上路的蜜月期，穩健有經驗或許是達成現階段任務的必要考量。其實，我們也可以從本屆民進黨不分區立委名單觀，十八席中的女性佔了一半，九席，黨主席蔡英文應該是有把女人放在心上吧；此外，小英也表示，在未來的人事安排中，會保持推薦管道的暢通，盡量彌補這個階段所做的不足。所以，在兩性平權這個議題上，蔡總統任期內會如何落實？或許可以給點時間，持續觀察。

做得到才說，說到就要做到。這是小英回應政敵指她「空心蔡」的解釋。成立基金會，辦論壇網站，政策的規畫擬訂須要的是反覆研討、腦力激盪、傾聽民意、與現狀實務結合，無一不是得花時間花人力才能讓政策的可行性愈趨成熟，就誠如小英說過她對「想想論壇」的偏愛度同「蔡想想」一樣，至於單純的喊喊數字口號，小英顯然不愛這一味。不過，規畫再好的政策尤須具體落實才有意義，蔡英文上任找的閣揆人選是林全，這是歷來難得出現總統與行政院長有那麼長時間的共識經驗，行政院長本身就是總統政見規畫的主要制訂者，所以，大概可以省去新手上路的試營運，人民給的蜜月期也不會太長喔！

態度 5

承諾務實治國

希望將來半導體產業的中下游，
可以整合起來，
組成台灣隊，一起來打國際盃。

背景

當選後蔡英文對半導體產業的信心喊話。蔡英文表示新政府會做企業的夥伴，除了穩定供水、供電、供土地之外，也會協助產業打造留人才的環境，甚至吸收國外頂尖人才到台灣，「希望將來半導體產業的中下游，可以整合起來，組成台灣隊，一起來打國際盃。」

眉批

半導體產業的產值、出口比重、關聯的投資金額等都是數一數二，的確稱得上是台灣的鎮國之寶，特別是面對紅色供應鏈的威脅，整合轉型，將有助提升國際競爭力，不過此事牽涉範圍廣，有戰略尤須戰術配合。蔡英文的戰略是政府協助半導體業者和綠能、物聯網、國防產業等五大產業廠商深入合作，共同形塑總體發展策略；至於戰術，組最強台灣隊，該怎麼組？組幾隊？如何才不會導致訂單流失？這些都需新政府的全盤規畫。

柴火，如果一根一根拿出來燒，熱量有限、無法有足夠的熱量；如果把柴火堆好了再燒，就可以燒得很旺、而且持久。

背景

台灣景氣的寒流何時會離開？蔡英文對產業政策有一個「堆柴火理論」。她說政府會有一些政策工具，「就像是柴火，如果一根一根拿出來燒，熱量有限、無法有足夠的熱量；如果把柴火堆好了再燒，就可以燒得很旺、而且持久。」如果政府懂得整合民間和官方資源，就可以讓有限的資源發揮最大的效果，她提出的五大創新研發計畫的核心概念就是讓它發揮堆柴火的效果，點燃之後，她希望、也有信心能將台灣的寒流趕出台灣。

眉批

蔡英文提出的「五大創新研發計畫」指的是綠能科技、國防產業、生技醫藥、亞洲矽谷和智慧機械；堆柴火就是要放很多政策工具在上面，使其產生效果，這帖藥能否驅寒？讓產業看到春天？端看小英政府如何有效落實了。

最近很多黨部同仁都推薦我看日劇《下町火箭》，裡面描述中小型的製造工廠，怎麼利用航太和醫療產品開發的機會，精進技術，提升轉型，來度過危機。

背景

這是蔡英文在臉書的談話。用日劇《下町火箭》起頭，旨在強調其所規畫的五大產業創新計畫，目的就是要幫產業找到轉型升級的新機會。而其中的國防產業，藉由軍民合作，把民間的技術化為軍用，把軍方的研發轉為民用，帶動產業創新，這就是未來新政府要努力的方向。小英特別指出中科院是國防產業的火車頭，不管是「高級教練機自製」、「下一代戰機研發」、「國艦國造」及「資安軍種」等等計畫，從研發、設計到生產，新政府會和中科院並肩作戰，連結民間技術和官方研發資源，讓創新的能量極大化。

眉批

來談一下《下町火箭》這部日劇。改編自池井戶潤（就是寫《半澤直樹》那位作家）的原著小說，阿部寬主演，題材描寫的是中小企業與大集團之間的戰鬥。小廠商不代表沒有一流人才和技術，他們缺的是資金；相對的，大企業若能放下身段，願意彼此攜手合作，就能共創雙贏，製作出傲視國際的一流品質。他們做的是火箭發射喔，而故事中的小企業「佃製作所」所擁有的即是具世界頂級水準的零件專利權。職人精神，日本製舉世稱羨，Made In Taiwan 其實並不差，值得朝野產業一同擦亮這塊招牌。

民進黨沒有否認一九九二年兩岸會談的歷史事實，也認同當年雙方都秉持相互諒解精神，求同存異，希望兩岸關係往前推進的這一段協商溝通的經過和事實。這也是兩岸交流累積成果的一部份。

背景

二〇一二年蔡英文所差的最後一哩路，兩岸政策的論述是主因之一，二〇一六年捲土重來，蔡英文明顯的有備而來。在首場的電視政見發表會和辯論會上，蔡英文兩度清楚表達「民進黨沒有否認一九九二年兩岸會談的歷史事實，也認同當年雙方都秉持相互諒解精神，求同存異，希望兩岸關係往前推進的這一段協商溝通的經過和事實。這也是兩岸交流累積成果的一部份。」

眉批

當蔡英文的兩岸關係是「維持現狀」，當國民黨所說的九二共識無法「一中各表」，顯然這個兩岸政策已不再是國民黨的提款機了，更何況蔡英文當年（一九九八）可是隨海基會前董事長辜振甫前往上海參加「辜汪會談」的歷史見證人。有「九二會談」的歷史事實，但當時並沒有使用「九二共識」這個名詞，那是二〇〇〇年才開始使用的名詞。蔡英文的這番話不僅是在還原真相，也是給北京傳遞新政府善意的訊息。

兩岸都有責任盡最大努力，尋求一個對等尊嚴、彼此都能夠接受的互動之道，確保沒有挑釁，也沒有意外。

背景

二〇一六年一月十六日大選勝出的蔡英文在舉行的中外記者會上除了重申五二〇新政府執政後將以中華民國現行憲政體制、兩岸協商交流互動的成果、以及民主原則與普遍民意，做為推動兩岸關係的基礎外，更強調「兩岸都有責任盡最大努力，尋求一個對等尊嚴、彼此都能夠接受的互動之道，確保沒有挑釁，也沒有意外。」

眉批

蔡英文對兩岸關係的這段發言柔中帶硬，前半部指的即是依憲政體制下的「維持現狀」，她會建立具有一致性、可預測性、可持續的兩岸關係；而後半部則是向北京當局喊話：「對等尊嚴、沒有挑釁、沒有意外。」台灣的民主制度、國家認同與國際空間必須被充分尊重，任何的打壓都會破壞兩岸關係的穩定。另外，根據陸委會於三月底公佈的民調顯示，有超過八成民眾支持政府持續在中華民國憲法架構下推動兩岸和平穩定發展，至於所謂「兩岸同屬一中」的說法，亦有高達七二・七％的民眾不認同，這就是台灣人民的意志展現。

他們也知道在一個民主社會裡，台灣人最希望看到、最期待看到的是什麼事。相信中國大陸應該有能力做這個思考，倒也不需要我們去指點他什麼。

背景

五二〇就職前蔡英文接受《中國時報》專訪對處理兩岸關係的談話。小英表示，大陸必須注意到台灣是一個民主社會，當然，陸方有他們的期待，但是，在台灣民意與陸方期待之間有很大的落差，這是陸方必須面對的現實。如果雙方盡量表達善意、累積信賴，對將來兩岸關係的處理會有比較大的空間。她相信中國大陸對台灣社會是有一些觀察的，「他們也知道在一個民主社會裡，台灣人最希望看到、最期待看到的是什麼事。相信中國大陸應該有能力做這個思考，倒也不需要我們去指點他什麼。」

眉批

兩岸關係很重要，如何處理牽一髮動全身，小英說在做最後決定前，她不會被任何一個特定的想法所主導。說穿了，小英希望陸方理解的就是台灣的領導人是人民一票一票直接選出來的；甚至是《聯合報》三月所做的民調，認為自己是「台灣人」的是創近二十年來新高的七十三％，直言之，「民意」才是依歸。所以囉，多點善意，多些同理心，兩岸關係才有互信的基礎。

我們不是說說而已。／政府沒聽見可以拍桌子。

背景

總統就職前的蔡英文於二〇一六年三月分別對造船業和電商業者的信心談話。在與造船相關業者座談時，小英表示，大選期間她提出的《五大創新研發計畫》中，國防產業是其中一環，國艦國造、尤其是潛艦，是裡面非常重要的計畫，「我們不是說說而已」。另在出席台灣網路暨電子商務產業發展協會（TiEA）會員大會上，小英則要年輕人不要怕跟政府機關打交道，也不用太溫良恭儉讓，「我相信未來政府也會有這樣的雅量。如果第一次聽不見，大聲一點；如果第二次再聽不見，你可以更大聲一點；第三次再聽不見，你可以拍桌子。」

眉批

國防自主，自己的潛艦自己造，類似口號過去的政府喊了十幾年，所以這回蔡英文特別強調「我們不是說說而已。」網路產業的與時俱進卻常被太多法規綁死，所以蔡英文也說「如果政府沒聽見可以拍桌子」；其實這兩句業者聽了會很爽的話，簡言之，就是政府該有的基本態度，只是，過去太多說過的話被當兒戲，太多的官僚作風讓人民望而怯步罷了。小英這麼說，大家都有感，期待新政府上台不會常讓人民拍桌子。

在我的努力範圍，可以做得到，或是我現在判斷是可以做得到的，我才會說，如果知道沒辦法做到，就絕對不會說出口。

背景

「不想太早表態」讓政敵批評蔡英文是「空心蔡」，黨內人士也曾一度擔心蔡英文這種過於學者的龜毛風格，對此小英不只一次在媒體前解釋「在我的努力範圍，可以做得到，或是我現在判斷是可以做得到的，我才會說，如果知道沒辦法做到，就絕對不會說出口。」

眉批

你們說我是「空心蔡」，其實我只是要說到做到。不輕率喊口號，也不亂開空頭支票，這一點小英倒是很堅持，寧可被罵沒魄力，但從她嘴裡大概是聽不到如「六三三」之類的數字密碼。小英說做事方法就像下圍棋，不能只考慮第一手，要想五手，想後面好幾手。既然如此，那說到的就要做到。

以前我們看韓國，是用中國人的眼光看，可是我們為何不用韓國人的眼光來看韓國、了解中國周邊的國家是怎麼看中國的？

背景

這是蔡英文接受董成瑜訪談的一段話，摘自時報出版《華麗的告解》。小英喜歡讀歷史，而且必須是抽離自己的情境去看，如果不抽離，不準；小英看歷史是看別人不是看自己。比如讀韓國史，「以前我們看韓國，是用中國人的眼光看，可是我們為何不用韓國人的眼光來看韓國、了解中國周邊的國家是怎麼看中國的？現在很多人突然感覺中國又回來了，歷史上掙扎在中國周邊的那種感覺又回來了。所以我覺得這時候讀歷史，要從不同角度切入。」

眉批

豈止是用中國人的眼光看韓國，過去很長的一段時間，灌輸的教育政策也是要我們用大中國的眼光看台灣。小英說她讀歷史是看別人不是看自己，畢竟大家太習慣成敗論英雄，贏了，之前做的都對；輸了，之前做的全錯，所以把自己身陷其中會有盲點。此外，或許是兩岸文字使用的共通性所致，對於國際間發生的事件，似乎有愈來愈多的媒體便宜行事，直接引用中國通訊社的新聞和觀點，久之，我們將會習慣以中國的眼光看全世界，這一點頗值得各方深思。

台灣的好，不應該輕易被擊倒。當新時代已經敲門，我們必須把門打開，讓世界看見台灣的好。

背景

二〇一六年一月五日，蔡英文推出一支競選廣告，全程親自旁白，主打「台灣再起」。蔡英文在廣告中說，曾經這片荒原是一片沃土，有最辛勤的百姓，有最善良的人情，還有最叛逆的韌性。雖然偶有爭吵，總還是能向前行。「是你們，讓我更堅強，讓我知道，自己應該更好，台灣的好，不該輕易被擊倒」，「當新時代已經敲門，我們必須把門打開，讓世界看見台灣的好，未來！一起吧！好嗎？」

眉批

政治人物拍競選廣告當然是要行銷自己，有沒有效就得看幕後的策劃功力了。蔡英文在這支主打「台灣再起」的競選廣告呈現的是台灣人總能在困境中學會堅強，雖然不夠了解彼此，仍一起走到現在。蔡英文在這支廣告想傳達給大家的是未來將是嶄新的未來，蔡英文也是比四年前更堅強、更做好準備的蔡英文。

夢想不在他方，希望就在故鄉。

背景

這是蔡英文二〇一六年總統選舉所推出「在地希望 點亮台灣」系列影像中的主軸標語，要把下鄉看到的每個故事有力量的說出來。「去找出讓我們社會更團結的人與故事就對了。」幕僚們有聽也有懂的想出這兩句話「夢想不在他方，希望就在故鄉」，小英點頭，開心的笑了，就這個。

眉批

小英推出的一系列「在地希望 點亮台灣」影像計收錄十四個故事，遍佈的縣市包括：高雄蚵仔寮、彰化員林、雲林林內、桃園蘆竹、宜蘭冬山、台中、台南、屏東竹田、花蓮馬太鞍、澎湖西嶼、南投竹山、嘉義、台東巴喜告、苗栗，每個故事都是在地希望強韌生命力的展現。政治人物要認識台灣未必得學「long stay」那一套，小英認為把 every step 踏深踏穩更有意義。

我對「想想論壇」的偏愛可以從一件事情看得出來：我的貓咪叫做「蔡想想」。它和牠，就是我每天都放在心上的。

背景

政治人物成立智庫或弄個基金會不稀奇，但願意廣納多元聲音，直接於網站上和網民互動分享，且認真當一回事做的就不多見了，小英基金會的「想想論壇」是其中佼佼者，在《英派：點亮台灣的這一哩路》書中小英有了這般形容：我對「想想論壇」的偏愛可以從一件事情看得出來：我的貓咪叫做「蔡想想」。它和牠，就是我每天都放在心上的。

眉批

很有料很具深度的論壇，而且連AKB48、SMAP等的研究都看得到，就可證明有多廣納多元聲音。「想想論壇」成立來已累積超過三千篇的文章，有繁、簡兩種中文外，還曾有英文版，方便全球各地讀者閱讀。當然，把「想想論壇」和「蔡想想」相提並論，小英真的很重視。

生育小孩不僅僅是父母和家庭的責任，更需要社會的支持。

背景

二〇一六年三月，民進黨不分區新科立委余宛如擬提案修改《立法院議事規則》，開放立委及官員必要時可帶三歲以下嬰幼兒進入議場開會。余宛如表示修法是備而不用，盼藉修法讓立院對企業引起帶頭作用，建立友善職場環境。不過此提案一出，立刻引來各方正反評價，蔡英文隨即在臉書發言力挺：「生育小孩不僅僅是父母和家庭的責任，更需要社會的支持。」少子化已經是台灣最嚴峻的挑戰，要解決這個問題，政府應該責無旁貸地為創造友善育兒環境來努力。要解決問題，靠得不是作文比賽，而是行動。

眉批

傳統的社會觀念是女性不該為了進職場而拋棄照顧孩子的責任。延伸後的年輕人就只能自己的孩子自己養或乾脆不要生；可是政府又警告少子化已造成國安危機！所以囉，小英才會期待立法院作為「人民的國會」，能起帶頭的作用；小英才會說生育小孩不僅僅是父母和家庭的責任，更需要社會的支持。

推轉型正義，我們只有一次機會。

背景

落實轉型正義，蔡英文在總統就職前三月二十二日民進黨舉行的黨政協調會報中再次強調，台灣過去歷經數十年威權統治，期間政府濫用國家機器等違背憲政民主舉措，侵害人民生命財產權益的歷史，也包括不同族群長期以來受到的不公平對待，國家都應該深刻反省，並致力釐清真相，促進社會和解及國家真正團結。總統有無可逃避的責任，「真相與和解委員會」將在適當的時機開始運作。「我們只有一次機會」，轉型正義攸關台灣民主的深化，以及這個國家內部的團結。謹慎、決心、分工，以追求社會的和解為前提，這是我們未來處理轉型正義的原則。

眉批

推轉型正義，蔡英文說「我們只有一次機會」，這是真的，而且要記取八年前的教訓，愈早推動愈好，不要太多政治算計，不要淪於選舉時才談的口號，當然民進黨掌握國會過半席次也是小英這回具體落實的最好機會。關於轉型正義？追求寬容、和解、團結……，這些之外，其實最根本的無非就是「真相」，小英要成立的叫「真相與和解委員會」，有真相才有和解，這是前提。

在民主時代裡，八年的累積可能比不上八秒鐘的失言。

背景

常說不要換了位置就換了腦袋，但換了身份卻尤須謹言慎行，特別是為官者。五二〇之前林全舉辦內閣共識營，蔡英文在致詞時就挑明著說，一個政府要建立公信力很不容易，但信任的摧毀卻是一夕之間的事情。「在民主時代裡，八年的累積可能比不上八秒鐘的失言」，相信經歷前兩周的震撼教育，大家都能夠有所體認。的確，人民是睜大眼在看新政府如何落實選舉時的承諾，所以小英更以「三不」期許所有閣員：不要因為語言失當製造爭議。不要忘記謙卑。不要和社會脫節。

眉批

在朝或在野有一個很大的不同，那就是當官者沒有什麼屬純個人看法這回事，一言一行都代表政府喔！二〇一六年一月大選就結束，但新政府卻得四個月後才上任，那這段時間算在野還是在朝？不用懷疑，最新民意投票如此，人民認定的，期待的會是新政府，所以政務委員張景森諷刺文林苑都更案是史上最Kuso的一場社會運動，又或者農委會主委曹啟鴻意指沒能耐擋美豬引起的軒然大波，即便是上任前說的話，但照樣不妥，新政府照樣得概括承受；勿忘初衷，接下來呢？蔡英文要整個團隊把批評當改革的動力，而不是施政的障礙，這是最基本的也是該有的態度。

精彩回顧▽▽▽

經典演說收錄

二〇一六總統蔡英文就職演說／2016.5.20

各位友邦的元首與貴賓、各國駐台使節及代表、現場的好朋友，全體國人同胞，大家好！

就在剛剛，我和陳建仁已經在總統府裡面，正式宣誓就任中華民國第十四任總統與副總統。我們要感謝這塊土地對我們的栽培，感謝人民對我們的信任，以及，最重要的，感謝這個國家的民主機制，讓我們透過和平的選舉過程，實現第三次政黨輪替，並且克服種種不確定因素，順利度過長達四個月的交接期，完成政權和平移轉。

台灣，再一次用行動告訴世界，作為一群民主人與自由人，我們有堅定的信念，去捍衛民主自由的生活方式。這段旅程，我們每一個人都參與其中。親愛的台灣人民，我們做到了。

我要告訴大家，對於一月十六日的選舉結果，我從來沒有其他的解讀方式。人民選擇了新總統、新政府，所期待的就是四個字：解決問題。此時此刻，台灣的處境很困難，迫切需要執政者義無反顧的承擔。這一點，我不會忘記。

我也要告訴大家，眼前的種種難關，需要我們誠實面對，需要我們共同承擔。所以，這個演說是一個邀請，我要邀請全體國人同胞一起來，扛起這個國家的未來。

國家不會因為領導人而偉大；全體國民的共同奮鬥，才讓這個國家偉大。總統該團結的不只是支持者，總統該團結的是整個國家。團結是為了改變，這是我對這個國家最深切的期待。在這裡，我要誠懇地呼籲，請給這個國家一個機會，讓我們拋下成見，拋下過去的對立，我們一起來完成新時代交給我們的使命。

在我們共同奮鬥的過程中，身為總統，我要向全國人民宣示，未來我和新政府，將領導這個國家的改革，展現決心，絕不退縮。

未來的路並不好走，台灣需要一個正面迎向一切挑戰的新政府，我的責任就是領導這個新政府。

我們的年金制度，如果不改，就會破產。我們僵化的教育制度，已經逐漸與社會脈動脫節。我們的能源與資源十分有限，我們的經濟缺乏動能，舊的代工模式已經面臨瓶頸，整個國家極需要新的經濟發展模式。我們的人口結構急速老化，長照體系卻尚未健全。我們的人口出生率持續低落，完善的托育制度卻始終遙遙無期。我們環境汙染問題仍然嚴重。我們國家的財政並不樂觀。我們的司法已經失去人民的信任。我們的食品安全問題，困擾著所有家庭。我們的貧富差距愈來愈嚴重。我們的社會安全網還是有很多破洞。最重要的，我要特別強調，我們的年輕人處於低薪的處境，他們的人生，動彈不得，對於未來，充滿無奈與茫然。

年輕人的未來是政府的責任。如果不友善的結構沒有改變，再多個人菁英的出現，都不足以讓整體年輕人的處境變好。我期許自己，在未來的任期之內，要一步一步，從根本的結構來解決這個國家的問題。

這就是我想為台灣的年輕人做的事。雖然我沒有辦法立刻幫所有的年輕人加新，但是我願意承諾，新政府會立刻展開行動。請給我們一點時間，也請跟我們一起走上改革的這一條路。

改變年輕人的處境，就是改變國家的處境。一個國家的年輕人沒有未來，這個國家必定沒有未來。幫助年輕人突破困境，實現世代正義，把一個更好的國家交到下一代手上，就是新政府重大的責任。

要打造一個更好的國家，未來，新政府要做到以下幾件事情。

首先，就是讓台灣的經濟結構轉型。這是新政府所必須承擔的最艱鉅使命。我們不要妄自菲薄，更不要失去信心。台灣有很多別的國家沒有的優勢，我們有海洋經濟的活力和韌性，高素質的人力資源、務實可靠的工程師文化、完整的產業鏈、敏捷靈活的中小企業，以及，永不屈服的創業精神。

我們要讓台灣經濟脫胎換骨，就必須從現在起就下定決心，勇敢地走出另外一條路。這一條路，就是打造台灣經濟發展的新模式。

新政府將打造一個以創新、就業、分配為核心價值，追求永續發展的新經濟模式。改革的第一步，就是強化經濟的活力與自主性，加強和全球及區域的連結，積極參與多邊及雙邊經濟合作及自由貿易談判，包括TPP、RCEP等，並且，推動新南向政策，提升對外經濟的格局及多元性，告別以往過於依賴單一市場的現象。

除此之外，新政府相信，唯有激發新的成長動能，我們才能突破當前經濟的停滯不前。我們會以出口和內需作為雙引擎，讓企業生產和人民生活互為表裡，讓對外貿易和在地經濟緊密連結。

我們會優先推動五大創新研發計畫，藉著這些產業來重新塑造台灣的全球競爭力。我們也要積極提升勞動生產力，保障勞工權益，讓薪資和經濟成長能同步提升。

這是台灣經濟發展的關鍵時刻。我們有決心，也有溝通能力。我們已經有系統性的規畫，未來，會以跨部會聯手的模式，把整個國家的力量集結起來，一起來催生這個新模式。

在經濟發展的同時，我們不要忘記對環境的責任。經濟發展的新模式會和國土規畫、區域發展及環境永續，相互結合。產業的佈局和國土的利用，應該拋棄零碎的規畫，和短視近利的眼光。我們必須追求區域的均衡發展，這需要中央來規畫、整合，也需要地方政府充分發揮區域聯合治理的精神。

我們也不能再像過去，無止盡地揮霍自然資源及國民健康。所以，對各種汙染的控制，我們會嚴格把關，更要讓台灣走向循環經濟的時代，把廢棄物轉換為再生資源。對於能源的選擇，我們會以永續的觀念去逐步調整。新政府會嚴肅看待氣候變遷、國土保育、災害防治的相關議題，因為，我們只有一個地球，我們也只有一個台灣。

新政府必須要承擔的第二件事情，就是強化台灣的社會安全網。這些年，幾件關於兒少安全及隨機殺人的事件，都讓整個社會震驚。不過，一個政府不能永遠在震驚，它必須要有同理心。沒有人可以替受害者家屬承受傷痛，但是，一個政府，尤其是第一線處理問題的人，必須要讓受害者以及家屬覺得，不幸事件發生的時候，政府是站在他們這一邊。

除了同理心之外，政府更應該要提出解決的方法。全力防止悲劇一再發生，從治安、教育、心理健康、社會工作等各個面向，積極把破洞補起來。尤其是治安與反毒的工作，這些事情，新政府會用最嚴肅的態度和行動來面對。

在年金的改革方面，這是攸關台灣生存發展的關鍵改革，我們不應該遲疑，也不可以躁進。由陳建仁副總統擔任召集人的年金改革委員會，已經緊鑼密鼓在籌備之中。過去的政府在這個議題上，曾經有過一些努力。但是，缺乏社會的參與。新政府的做法，是發動一個集體協商，因為年金改革必須是一個透過協商來團結所有人的過程。

這就是為什麼，我們要召開年金改革國是會議，由不同階層、不同職業代表，在社會團結的基礎上，共同協商。一年之內，我們會提出可行的改革方案。無論是勞工還是公務員，每一個國民的退休生活都應該得到公平的保障。

另外，在長期照顧的議題上，我們將會把優質、平價、普及的長期照顧系統建立起來。和年金改革一樣，長照體系也是一個社會總動員的過程。新政府的做法是由政府主導和規畫，鼓勵民間發揮社區主義的精神，透過社會集體互助的力量，來建立一套妥善而完整的體系。每一個老年人都可以在自己熟悉的社區，安心享受老年生活，每一個家庭的照顧壓力將會減輕。照顧老人的工作不能完全讓它變成自由市場。我們會把責任扛起來，按部就班來規畫與執行，為超高齡社會的來臨，做好準備。

新政府要承擔的第三件事情，就是社會的公平與正義。在這個議題上，新政府會持續和公民社會一起合作，讓台灣的政策更符合多元、平等、開放、透明、人權的價值，讓台灣的民主機制更加深化與進化。

新的民主制度要能夠上路，我們必須先找出面對過去的共同方法。未來，我會在總統府成立真相與和解委員會，用最誠懇與謹慎的態度，來處理過去的歷史。追求轉型正義的目標是在追求社會的真正和解，讓所有台灣人都記取那個時代的錯誤。

我們將從真相的調查與整理出發，預計在三年之內，完成台灣自己的轉型正義調查報告書。我們將會依據調查報告所揭示的真相，來進行後續的轉型正義工作。挖掘真相、彌平傷痕、釐清責任。從此以後，過去的歷史不再是台灣分裂的原因，而是台灣一起往前走的動力。

同樣在公平正義的議題上，我會秉持相同的原則，來面對原住民族的議題。今天的就職典禮，原住民族的小朋友在唱國歌之前，先唱了他們部落傳統的古調。這象徵了，我們不敢忘記，這個島上先來後到的順序。

新政府會用道歉的態度，來面對原住民族相關議題，重建原民史觀，逐步推動自治，復育語言文化，提升生活照顧，這就是我要領導新政府推動的改變。

接下來，新政府也會積極推動司法改革。這是現階段台灣人民最關心的議題。司法無法親近人民、不被人民信任、司法無法有效打擊犯罪，以及，司法失去作為正義最後一道防線的功能，是人民普遍的感受。

為了展現新政府的決心，我們會在今年十月召開司法國是會議，透過人民實際的參與，讓社會力進來，一起推動司法改革。司法必須回應人民的需求，不再只是法律人的司法，而是全民的司法。司法改革也不只是司法人的家務事，而是全民參與的改革。這就是我對司法改革的期待。

新政府要承擔的第四件事情，是區域的和平穩定與發展，以及妥善處理兩岸關係。過去三十年，無論是對亞洲或是全球，都是變動最劇烈的時期；而全球及區域的經濟穩定和集體安全，也是各國政府越來越關切的課題。

台灣在區域發展當中，一直是不可或缺的關鍵角色。但是近年來，區域的情勢快速變動，如果台灣不善用自己的實力和籌碼，積極參與區域事務，不但將會變得無足輕重，甚至可能被邊緣化，喪失對於未來的自主權。

我們有危機，但也有轉機。台灣現階段的經濟發展，和區域中許多國家高度關聯和互補。如果將打造經濟發展新模式的努力，透過和亞洲、乃至亞太區域的國家合作，共同形塑未來的發展策略，不但可以為區域的經濟創新、結構調整和永續發展，做出積極的貢獻，更可以和區域內的成員，建立緊密的「經濟共同體」意識。

我們要和其他國家共享資源、人才與市場，擴大經濟規模，讓資源有效利用。「新南向政策」就是基於這樣的精神。我們會在科技、文化與經貿等各層面，和區域成員廣泛交流合作，尤其是增進與東協、印度的多元關係。為此，我們也願意和對岸，就共同參與區域發展的相關議題，坦誠交換意見，尋求各種合作與協力的可能性。

在積極發展經濟的同時，亞太地區的安全情勢也變得越來越複雜，而兩岸關係，也成為建構區域和平與集體安全的重要一環。這個建構的進程，台灣會做一個「和平的堅定維護者」，積極參與，絕不缺席；我們也將致力維持兩岸關係的和平穩定；我們更會努力促成內部和解，強化民主機制，凝聚共識，形成一致對外的立場。

對話和溝通，是我們達成目標最重要的關鍵。台灣也要成為一個「和平的積極溝通者」，我們將和相關的各方，建立常態、緊密的溝通機制，隨時交換意見，防止誤判，建立互信，有效解決爭議。我們將謹守和平原則、利益共享原則，來處理相關的爭議。

我依照中華民國憲法當選總統，我有責任捍衛中華民國的主權和領土；對於東海及南海問題，我們主張應擱置爭議，共同開發。

兩岸之間的對話與溝通，我們也將努力維持現有的機制。一九九二年兩岸兩會秉持相互諒解、求同存異的政治思維，進行溝通協商，達成若干的共同認知與諒解，我尊重這個歷史事實。九二年之後，二十多年來雙方交流、協商所累積形成的現狀與成果，兩岸都應該共同珍惜與維護，並在這個既有的事實與政治基礎上，持續推動兩岸關係和平穩定發展；新政府會依據中華民國憲法、兩岸人民關係條例及其他相關法律，處理兩岸事務。兩岸的兩個執政黨應該要放下歷史包袱，展開良性對話，造福兩岸人民。

我所講的既有政治基礎，包含幾個關鍵元素，第一，一九九二年兩岸兩會會談的歷史事實與求同存異的共同認知，這是歷史事實；第二，中華民國現行憲政體制；第三，兩岸過去二十多年來協商和交流互動的成果；第四，台灣民主原則及普遍民意。

新政府要承擔的第五件事情，是善盡地球公民的責任，在外交與全球性的議題上做出貢獻。讓台灣走向世界，也要讓世界走進台灣。

現場有許多來自各國的元首與使節團，我要特別謝謝他們，長久以來一直幫助台灣，讓我們有機會參與國際社會。未來，我們會持續透過官方互動、企業投資與民間合作各種方式，分享台灣發展的經驗，與友邦建立永續的夥伴關係。

台灣是全球公民社會的模範生，民主化以來，我們始終堅持和平、自由、民主及人權的普世價值。我們會秉持這個精神，加入全球議題的價值同盟。我們會繼續深化與包括美國、日本、歐洲在內的友好民主國家的關係，在共同的價值基礎上，推動全方位的合作。

我們會積極參與國際經貿合作及規則制定，堅定維護全球的經濟秩序，並且融入重要的區域經貿體系。我們也不會在防制全球暖化、氣候變遷的議題上缺席。我們將會在行政院設立專責的能源和減碳辦公室，並且根據COP21巴黎協議的規定，定期檢討溫室氣體的減量目標，與友好國家攜手，共同維護永續的地球。

同時，新政府會支持並參與，全球性新興議題的國際合作，包括人道救援、醫療援助、疾病的防治與研究、反恐合作，以及共同打擊跨國犯罪，讓台灣成為國際社會不可或缺的夥伴。

一九九六年台灣第一次總統直選，到今天剛好二十年。過去二十年，在幾任政府以及公民社會的努力之下，我們成功度過了許多新興民主國家必須面對的難關。

在這個過程中，我們曾經有過許多感動人心的時刻和故事，不過，正如同世界上其他國家一樣，我們也曾經有過焦慮、不安、矛盾、與對立。

我們看到了社會的對立，進步與保守的對立，環境與開發的對立，以及，政治意識之間的對立。這些對立，曾經激發出選舉時的動員能量，不過也因為這些對立，我們的民主逐漸失去了解決問題的能力。

民主是一個進程，每一個時代的政治工作者，都要清楚認識他身上所肩負的責任。民主會前進，民主也有可能倒退。今天，我站在這裡，就是要告訴大家，倒退不會是我們的選項。新政府的責任就是把台灣的民主推向下一個階段：以前的民主是選舉的輸贏，現在的民主則是關於人民的幸福；以前的民主是兩個價值觀的對決，現在的民主則是不同價值觀的對話。

打造一個沒有被意識形態綁架的「團結的民主」，打造一個可以回應社會與經濟問題的「有效率的民主」，打造一個能夠實質照料人民的「務實的民主」，這就是新時代的意義。

只要我們相信，新時代就會來臨。只要這個國家的主人，有堅定的信念，新時代一定會在我們這一代人的手上誕生。

各位親愛的台灣人民，演講要結束了，改革要開始了。從這一刻起，這個國家的擔子交在新政府身上。我會讓大家看見這個國家的改變。

歷史會記得我們這個勇敢的世代，這個國家的繁榮、尊嚴、團結、自信和公義，都有我們努力的痕跡。歷史會記得我們的勇敢，我們在二〇一六年一起把國家帶向新的方向。這塊土地上的每一個人，都因為參與台灣的改變，而感到驕傲。

剛才表演節目中的一首歌曲當中，有一句讓我很感動的歌詞：「（台語）現在是彼一天，勇敢入台灣人。」

各位國人同胞，兩千三百萬的台灣人民，等待已經結束，現在就是那一天。今天，明天，未來的每一天，我們都要做一個守護民主、守護自由、守護這個國家的台灣人。

謝謝大家。

二〇一六總統當選人蔡英文勝選感言／2016.1.16

各位現場的朋友，各位電視機前面的好朋友，網路上收看直播的年輕朋友，我們全體的台灣人民，大家好，大家晚安。

我們的競選搭檔陳建仁院士，競選總部主任委員陳菊市長，還有我們所有的競選總部的同仁，各位辛苦了。我們今天很高興，我們幾位前副總統和前主席，一起來參加這歷史的時刻。

我說過，我拚了命，也要把各位的淚水轉化成笑容。各位，我們都做到了。所以，如果你的眼中還有淚水，請大家把它擦乾。我們一起用快快樂樂的心情，來迎接台灣新時代的開始。

我的工作同仁告訴我，今天我們的這個現場，從中午開始，就有支持者坐在這裡等開票了。

大家有歡喜某？大家有歡喜某？

我知道，這些年來，你們對蔡英文有一個小小的抱怨。就是大家認為，我太過理性，從來不公開表達自己的情緒。所以，在這裡，我要跟大家說，如果大家真的很高興，我們就大聲為台灣歡呼一次。

我們一起為台灣完成了一件重要的事，這是我此時此刻，心裡的感覺。我的心情其實很平靜，因為，我知道，未來我的責任將會很重。感謝大家對蔡英文、陳建仁的支持，感謝大家對民主進步黨的支持，我再一次代表民主進步黨，向全體台灣人民，致上我最深的謝意。

感謝所有的台灣人民，我們一起，完成了台灣民主史上第三次的政黨輪替。我們點亮了台灣，我們再一次用行動告訴全世界，台灣等於民主，民主等於台灣。

我要謝謝我的兩位競爭對手，朱主席和宋主席，我們一起為台灣的民主政治，寫下了歷史新頁。我了解他們對這個國家的期待。選舉有輸贏，但是，最終勝利的永遠是台灣的民主。在這裡，我誠摯地邀請他們，這個國家，未來改革的路上，不能沒有你們。

我還要謝謝我的工作同仁，我們的後援會，我們的志工。你們犧牲假日，犧牲陪伴家人的時間，無論晴天雨天，就算生病感冒，都跟我並肩作戰。你們是最強的團隊。能跟各位一起走完著最後一哩路，是我這一生最大的榮幸。

我還要特別謝謝這次競選總部中年輕的工作同仁們，尤其是黨工。過去，這麼多年來，我心中一直有一句話想跟大家說。這個黨曾經失敗過，但是，我一直告訴我自己，總有一天，我要讓大家穿著這個黨的制服，走到外面的時候，心中是充滿著信心和責任感。我們做到了。

接下來，我要謝謝每一位在這次選舉中，貢獻小額捐款，用小豬或其他方法，出錢出力的好朋友。因為你們，民進黨再一次確認，我們就是台灣人民的政黨。

投票是一天，選舉是幾個月，不過，改變這個國家，卻是每一天都必須持續的工作。今天晚上，我們可以慶祝，各位可以高高興興的慶祝。明天太陽升起的時候，我們就要為這個國家，負起改革的責任。

此時此刻的台灣，有很多老人家，正在等待一個更健全的長照系統。

此時此刻的台灣，台灣的年輕人，正在等待一個更公平的住宅環境。

我們不能忘記，還有很多中小企業，正在等待升級轉型的契機。我們也不能忘記，還有一個快要破產的年金制度，正在等待我們去挽救。

我們更沒有忘記，維持台海安全及兩岸關係的和平和穩定，是大家共同的期待，也是兩岸要一起努力的事。「維持現狀」，是我對台灣人民以及對國際社會的承諾，我一定說到做到。我也向大家保證，未來我處理兩岸關係，會積極溝通，不挑釁，也不會有意外。

親愛的台灣人民，民主的勝利，是我們共同創造的；改革，也要由我們一起來推動。我們將會面對很多挑戰，改革的過程一定會很辛苦，但無論是怎麼樣的磨難，台灣人從來不曾被擊倒過。

改革的第一哩路，已經開始。只要我們相互扶持，堅定走下去，一個更自由、更民主、更繁榮、更公義的國家，就在我們眼前。

二月一號，新國會即將開始。民進黨會優先處理人民關心的法案。改革的能量要放到最大，同時，改革的動盪會減到最小。

民主進步黨，現在是國會的多數黨。我們單獨過半，我們就要兌現對選民的承諾，我們一定要兌現對選民的承諾，改革絕對不能剩一半。

這是台灣第一次的國會政黨輪替。我們身上的責任，比以前沉重。我再一次強調，民進黨不會整碗捧去。我們會繼續開放民進黨，努力傾聽那些沒有進入國會的聲音。同時，我們也會和包括國民黨、親民黨和時代力量在內的所有政黨，一起為了改革全力以赴。

在這裡，我要以總統當選人的身份，也要以黨主席的身份，對民主進步黨全體黨公職人員，下達第一個命令，謙卑、謙卑、再謙卑。

台灣人民，不分藍綠、不分政黨、不分族群，在新時代裡，一起為改革這個國家努力。這就是蔡英文的承諾。這就是蔡英文的保證。

昨天的選前之夜，我看到已經九十八歲的史明歐吉桑，在那麼冷的天氣裡，淋著雨，還來到舞台前面，為我加油。他說話已經很困難，但是我知道，歐吉桑是要告訴我，做台灣的總統，要有志氣，要有決心，要堅強。

我在這裡要跟歐吉桑說，我一定會堅強。面對台灣的困境，我每一分鐘都會堅強。蔡英文堅強，台灣人民才會跟著我一起堅強。

台灣是一個民主自由的國家。這個國家偉大的地方，就在於每一個人都有做自己的權利。這個國家，保障所有國民，自由選擇的權利。在這裡，我要以總統當選人的身份，鄭重呼籲，任何人，都必須尊重這份自由。

今天的選舉結果，是向世界證明，台灣人就是自由人，台灣人就是民主人。只要我當總統的一天，我會努力，讓我的國民，沒有一個人必須為他們的認同道歉。

各位親愛的台灣人民，新時代已經開始。「天色漸漸光，這裡有一群人，為了守護我們的夢，變成更加勇敢的人」。

我們就是這一群人。經過這次選舉，我們已經更加勇敢。明天開始，我們要繼續為我們的手足同胞，為我們的下一代而努力。

再一次謝謝所有現場的好朋友，謝謝所有的台灣人民。

尊嚴、團結、自信，這就是新台灣。謝謝大家。天佑台灣。

二〇一二蔡英文總統選舉敗選感言／2012.1.14

謝謝大家在這裡等，尤其下這麼大的雨，大家還這樣情意相挺，大家等我們來，來跟大家說一聲：謝謝，謝謝大家！

我們在場的朋友、在電視機前面很多國人同胞，還有網路上的網友，大家晚安。對於今天二〇一二年總統選舉的結果，我們敗選，我要在此向大家致上最深的歉意。

我們承認敗選，也願意接受台灣人民在這次選舉裡面所做的決定。我知道，很多支持者聽我這樣講或許會覺得心碎，可是在這裡，我們還是要恭喜馬總統。希望他在往後四年，要傾聽人民的聲音，要用心執政，要公平的照顧每一個人民，千萬不要辜負人民的期待。

我知道此刻大家的心情。今天，我相信有很多人原本期待勝利，但是，現實不盡如人意。但是，我要跟大家說，我們要堅強，我們一定要堅強，我們一定要比誰都堅強。我們是民進黨，我們過去在面對挫折的時候，我們從來沒有倒下過。以前不會，我知道，這一次也一定不會。

我要請大家回想一下，四年前，我們曾經是這麼的絕望，我們所要挑戰的山頂，曾經被認為是遙不可及。但是，我們咬著牙，整個黨團結在一起，在這四年，一步一步的往前走。這一次，我們已經接近山頂，我們還差一哩路。

我要告訴大家，這樣的結果很遺憾，但是，我們不是一無所有：

我們對小額募款的堅持，樹立了新的政治典範。我們提出的政策主張，在台灣未來的發展中，依然扮演關鍵的力量。

最重要的是，我們所團結的力量，是一股不可以忽視的力量，這一股力量，不能潰散，也不能消失。各位，你們真的不要懷憂喪志。台灣不能沒有反對的聲音，台灣不能沒有制衡的力量。未來這四年，雖然我們沒有辦法以執政者的角色，來實踐我們的理想；但是，這並不代表，在野就沒有力量。

我相信，只要大家繼續站在我們身後，給我們支持，給我們鞭策，我們一定還有未來！下一次，我們一定可以走完最後一哩路！

接下來，我要以民主進步黨主席的身份，感謝大家對民主進步黨立委提名人的支持，讓民進黨的國會席次成長。他們未來，會在立法院扮演人民的代言人，會把人民的困難放在心上，努力提升公共政策的品質，讓每一個國民都得到最好的照顧。

民進黨的轉型跟改革，不會停止。我們堅持和弱勢人民站在一起，我們堅持政策理性，我們堅持以小額募款擺脫對財團的依賴。我們會一直做下去，總有一天，我們會贏得多數人民的信任。

雖然我們很努力，但是，我們要完成最後的理想，這條路比我們想像得更漫長，我們還可以做得更好。面對今天的結果，民進黨會認真的做一個檢討，會把它當作一個警惕。

敗選的責任，由我一肩扛起來。我剛剛已經宣布，辭去民主進步黨的黨主席。我相信，下一任的黨主席，一定會堅持，繼續堅持民進黨的改革轉型，帶領大家繼續走下去。

最後，蔡英文也要以個人的身份，感謝大家一路相伴。這四年，是很美好的旅程，我們一起並肩作戰，在我的心中，你們不只是投票給我的人，你們是我最好的夥伴。

今天晚上，我相信大家心裡都很難過；如果你心裡真的很難過，就讓它發洩出來。你可以哭泣，但不要洩氣。你可以悲傷，但是不要放棄。因為明天起來，我們要像過去四年一樣的勇敢，心裡充滿著希望。因為，我們必須勇敢地扛起這個國家的責任，我們必須樂觀地，繼續為台灣這塊土地打拚。

無論我們在哪個位置上，這個國家，都需要我們繼續愛她、呵護她。

各位親愛的台灣人民，有一天，我們會再回來，我們不會放棄。在二〇一二年的這一天，支持民進黨，支持蔡英文，我相信是一件驕傲的事。我們抬起頭，堅強勇敢的走下去。謝謝大家，我的心會永遠跟台灣人民站在一起。

附錄

蔡英文總統大事件

1956/8/31

出生

在台北市中山區出生，若依照族譜譜名本應命名為「蔡瀛文」，但父親蔡潔生覺得「瀛」字筆劃太多，所以將她的名字改為「蔡英文」。

1962～1974

國民教育時期

在完成幼兒園的啟蒙教育後，即進入國民教育，原就讀台北市的長安國小，四年級時轉到新成立的吉林國小就讀，於北安國中第一屆畢業。

高中就讀中山女高，值得一提的是洪秀杜是大她八屆的學姊。

1974～1978

大學時期

應父親希望考取第一志願台灣大學法律系，同學透露當時有三位男士追求，但她心無旁鶩，取得國立台灣大學法律系法學士學位後即赴美求學。

1978～1980

赴美攻讀碩士

在美國康乃爾大學法學院攻讀法學碩士期間，發生令蔡英文難忘的憾事，當時論及婚嫁的優秀男友，因登山意外身亡。而這也是她唯一回應過的一段感情。

1980～1984

赴英攻讀博士

到英國倫敦政治經濟學院（LSE）攻讀法學博士，研究計畫題目為《不公平貿易行為與保障措施》（Unfair trade practices and safeguard actions）。

1984～1990

政大副教授

取得博士學位後，回台擔任國立政治大學法律系副教授。這段時間還同時加入行政院經濟部國際經濟組織，擔任首席法律顧問。

1991～1993

東吳專任教授

應邀到東吳大學新設的法律研究所碩博士班擔任專任教授，而邱毅於選舉期間指出蔡英文因兼職風波而離開政大，被指烏龍爆料。

1993～2000

貿調會委員

擔任國立政治大學國際貿易系教授，並同時為經濟部貿易調查委員會委員。

2000～2004

陸委會主委

於陳水扁總統任內，擔任行政院大陸委員會主委，主持兩岸關係政策。

2004/9/7

加入民進黨

正式加入民主進步黨，被民進黨提名為二〇〇四年立法委員選舉的政黨不分區立法委員名單第六名，成功當選。

不分區立委

2005/2/1

就任民進黨不分區立法委員，並擔任民進黨立法院黨團副總召集人。

行政院副院長

2006/1/23

受民主進步黨黨中央提名進入蘇貞昌內閣，接任行政院副院長，並兼任消保會主委。

當選黨主席

2008/5/20

接受前中研院院長李遠哲的力勸，參選民進黨主席，擊敗蔡同榮和辜寬敏當選第十二屆民進黨主席，也是民進黨史上第一位女性黨主席。

2010/5/23

連任黨主席

再次競選民主進步黨主席，對手為尤清，最後成功連任。

2010/11/27

新北市長失利

與當時國民黨提名的朱立倫共同競逐新北市市長，因兩人均曾任副揆，被戲稱為「副揆之戰」，此戰敗給朱立倫。

2011/3/11

首次參選總統

宣布參選第十三任中華民國總統選舉之民主進步黨黨內初選，最後在民調中勝出，副手為蘇嘉全。

總統大選落敗

2012/1/14

總統大選開票結果出爐，馬英九以得票數六八九萬擊敗蔡英文的六〇九萬，蔡英文在雨夜中發表的敗選感言，真摯深刻打動人心，被譽為台灣有史以來最有風度的落選感言。

小英基金會

2012～2014

卸任民進黨主席之後，開始思考規畫未來的走向，於二〇一二年八月二日設立「小英教育基金會」，由林全擔任執行長，拋出「三根火柴」的論點，並於八月五日創立想想論壇。

2014/5/25

回任黨主席

與前任高雄縣副縣長郭泰麟競爭黨主席，最後成功當選回任。帶領民進黨在九合一地方選舉中取得十三個縣市首長席次。

2015/4/15

二次參選總統

民進黨正式提名蔡英文參選二〇一六年中華民國總統選舉。

2015/5/30

訪美創先例

展開為期十二天的訪美行程，強調來美國「不是來面試的」，進入白宮與國安會官員會面、進入國務院會見副國務卿，開了台灣總統候選人先例。

2015/10/6

高規格訪日

展開訪日行程，期間傳出「巧遇」日本首相安倍晉三。

2015/11/27

宣布副手人選

宣布副總統參選人為中研院副院長陳建仁，正式登記參加二〇一六年總統大選。

2016/1/16

總統大選勝選

總統大選結果揭曉，蔡英文成為中華民國首位女總統，在勝選演說時提到，以總統身份頒布的第一道命令，就是「謙卑、謙卑、再謙卑」。

雙英會

2016/3/30

馬英九總統與總統當選人蔡英文「雙英會」登場，雙方針對年金、外交、南海、能源等議題進行討論。

年度百大人物

2016/4/21

美國《時代雜誌》二〇一六年全球最具影響力百大人物名單，蔡英文榜上有名。

準內閣底定

2016/4/30

準行政院長林全的準內閣人事底定，蔡英文親自到共識營督軍。

宣誓就職

2016/5/20

宣誓就任第十四任中華民國總統。

同場加映▽▽▽

眾人眼中的蔡英文

◀副總統陳建仁眼中的蔡英文

「看見她從失敗中重新站起來，一步一腳印地走遍各鄉鎮，跟不同年齡、領域的人請教如何才能讓台灣變更好，身上沾滿了台灣人的氣味。陳建仁認為在他眼中，蔡英文就是一個值得他追隨的領導者。」

出處：二〇一五年十二月三十一日，陳建仁於個人臉書中暢談他從過去以來，對於民進黨總統候選人蔡英文的認識。

◀幕僚眼中的蔡英文

「從當年接下黨主席之職，被稱不食人間煙火的古墓派，綠營幕僚曾開玩笑：『以前的小英很好騙。』經過近八年歷練，小龍女功力日增，愈來愈趨近成熟的政治人物，已非吳下阿蒙。」

出處：《新新聞》第一五〇二期〈這些年，他們跟在小英身邊的日子〉一文。

◀口譯哥眼中的蔡英文

「蔡英文私底下是一位會用紅筆圈起錯字的『蔡教授』。」

出處：民進黨國際部副主任趙怡翔在蔡英文當選總統之夜擔任即時口譯，接受媒體採訪談自己的老闆。

◀民進黨社發部小黨工眼中的蔡英文

「嚴肅又嚴謹的長輩，恪守學者對於細節的精準度，以及律師面對紅塵的置高」，但又不至於是不食人間煙火的仙女，就是「如果你拿針刺他，他可能會在喊痛之前，瞪著你說『你在幹嘛？』。」

出處：二〇一一年十二月選戰前夕，一位民進黨黨工「小吸」在網路發表文章，談她眼中的「蔡主席」。

◀前陸委會副主委林中斌眼中的蔡英文

「讓我驚歎的是，我還沒來得及問她問題，她就已經先回答你了。博士班課程可沒有教這個。在你攻擊她或者批評她之前，在你出手之前，她已經準備好答案。」

出處：二〇一六年一月大選前，前陸委會副主委林中斌接受《洛杉磯時報》採訪時談到對蔡英文的印象。

◀AIT問柯文哲對蔡英文的看法

「請不要忘記，她是我們以前WTO首席談判代表，折衝是蔡英文的專長。」他跟AIT說，你們不用擔心，她是一個很穩重的人。

出處：二〇一五年十二月，台北市長柯文哲針對媒體詢問時如此回應。

◀外媒眼中的蔡英文

● 《時代雜誌》：「若說民進黨人予人的典型印象是赤手空拳的街頭鬥士，那蔡英文就像一位奧運劍擊選手：自我克制又精準到位。」

出處：二〇一五年六月，《時代雜誌》以蔡英文照片爲封面，內文如此形容她。

● 《金融時報》指她戰鬥力強和果斷。「很多政治家被高調擊敗後都選擇放棄，莫說（蔡英文）經歷了兩次」，但也正是她承認落敗的言論，令蔡英文大大拉近了與民眾的距離，指她是位擅打「逆境波」的政治人物。

出處：二〇一五年十二月《金融時報》票選出二〇一五年度全球代表女性，蔡英文爲其中之一。

● 德國媒體《German National Public Radio》以「遠東的德國總理梅克爾」形容蔡英文：一如梅克爾，蔡英文以學者身份從側門進入政壇。四十三歲時以經濟法教授的身份入閣。梅克爾在柯爾總理的獻金醜聞爆發之際進入基民黨高層，而民進黨跌入谷底時給了蔡英文機會。

出處：原文刊載於二〇一一年五月的《German National Public Radio》。

● 法國《解放報》（La Liberation）：她不像其他女性領導者，她「不是誰的女兒或寡婦，也不是誰的妻子」。

● 義大利《晚郵報》（Corriere Della Sera）：這是華語國家中的首位民選女領導人。與其稱蔡英文為「亞洲希拉蕊」，她更像是不靠家族政治的德國總理梅克爾。

出處：二〇一六年一月十六日，蔡英文確定當選總統的第一時間外媒皆以快訊方式報導。

◀美國官員眼中的蔡英文

「不同階層的美國官員已經觀察蔡英文二十年了」、「蔡被認為是能力極強，而且非常有說服力，所有跟她交手過的美國官員都可以證明這一點，『她是一個堅韌固執的談判人才』。當然我沒有資格替任何人發言，但在過去的這些年裡，我從他們那裡只聽過對蔡英文最熱情洋溢的讚美，包括她的溝通技巧、她的人際關係的溫暖特質、她的非凡才智，她『頑強』的談判風格、和她真誠不造作的可愛。經由維基解密的報告可以很明顯的看出，AIT對她的領導能力和她的政治遠見有高度的評價。」

出處：譚慎格撰寫〈美國在臺協會對蔡英文只有讚譽有加〉一文，刊登於二〇一一年十二月十二日的《Taipei Times》。

◀榮總住院醫師眼中的蔡英文

「如果行政院的長官想要，影響力是大到可以請院長找齊，請主任主治醫師到住院醫師（我），向她匯報她父親的治療狀況，可是她沒有，就這樣靜靜的一個人，搭一般電梯，點了一下頭，就這樣交錯而過，然後聽晚上接班的醫師說，她也是一個人靜靜的探視後就離開，沒有要求什麼特權。」

出處：二〇一六年一月，前榮總主治醫師劉文勝於個人臉書po出貼文。

◀記者眼中的蔡英文

「蔡英文百分之八十的衣服，不是直條紋便是格子。在身上畫些線條與格子，說不定不是提醒自己不要超越界線，而是提醒別人。她的前老闆陳水扁是到了獄中才看到許多人穿線條衣服。」

出處：董成瑜在《華麗的告解：廚師、大盜、總統和他們的情人》一書中的一篇蔡英文專訪，開頭便寫下她對蔡英文的觀察。

唯心 0012

英派語錄——解讀蔡英文的5種態度與66堂說話課

編　　著—葉俊傑、余玫鈴
插　　畫—Muta胖虎
主　　編—余玫鈴
封面設計—賴佳韋
內頁設計—李宜芝
董 事 長
總 經 理—趙政岷
出 版 者—時報文化出版企業股份有限公司
一〇八〇三臺北市和平西路三段二四〇號三樓
發行專線—（〇二）二三〇六六八四二
讀者服務專線—〇八〇〇二三一七〇五、（〇二）二三〇四七一〇三
讀者服務傳真—（〇二）二三〇四六八五八
郵撥—一九三四四七二四時報文化出版公司
信箱—臺北郵政七九～九九信箱
時報悅讀網—http://www.readingtimes.com.tw
電子郵件信箱—newstudy@readingtimes.com.tw
法律顧問—理律法律事務所 陳長文律師、李念祖律師
印　　刷—盈昌印刷有限公司
初版一刷—二〇一六年五月二十七日
定　　價—新臺幣二六〇元

⊙行政院新聞局局版北市業字第八〇號

國家圖書館出版品預行編目資料

英派語錄--解讀蔡英文的5種態度與66堂說話課/葉俊傑、余玫鈴作. -- 初版. -- 臺北市：
時報文化, 2016.05
面；　公分

ISBN 978-957-13-6609-8(平裝)

1.生活指導

177.2　　　　105005455

ISBN 978-957-13-6609-8
Printed in Taiwan